Jens Janßen

Funktionen und Instrumente des Beschaffungscontrollings

Diplomica® Verlag GmbH

Janßen, Jens: Funktionen und Instrumente des Beschaffungscontrollings, Hamburg, Diplomica Verlag GmbH 2012

ISBN: 978-3-8428-9091-6
Druck: Diplomica® Verlag GmbH, Hamburg, 2012

Bibliografische Information der Deutschen Nationalbibliothek:
Die Deutsche Nationalbibliothek verzeichnet diese Publikation in der Deutschen Nationalbibliografie; detaillierte bibliografische Daten sind im Internet über http://dnb.d-nb.de abrufbar.

Die digitale Ausgabe (eBook-Ausgabe) dieses Titels trägt die ISBN 978-3-8428-4091-1 und kann über den Handel oder den Verlag bezogen werden.

Inhaltsverzeichnis

Abbildungsverzeichnis

Tabellenverzeichnis

Abkürzungsverzeichnis

BBS	-	Beschaffungs-Balanced-Scorecard
BOM	-	Beschaffungsmarkt-Objekt-Matrix
BS	-	Balanced-Scorecard
BSC	-	Beschaffungscontrolling
E-Procurement	-	Electronic Procurement
ERP	-	Enterprise Resource Planning
F&E	-	Forschung und Entwicklung
IuK	-	Informations- und Kommunikationstechnologie
KPI	-	Key Performance Indicators
ROI	-	Return on Investment
SBU	-	Strategic Business Unit
SCM	-	Supply-Chain Management
SCP	-	Supply-Chain-Portfolio
SRM	-	Supplier Relationship Management

1. Problemstellung und Gang der Untersuchung

Der Zweck des Beschaffungscontrollings besteht darin, den Einkauf sukzessive auf Höchstleistung zu bringen.[1]

Die zunehmende Globalisierung der Absatz- und Beschaffungsmärkte sowie steigende Kundenansprüche im Bezug auf Preis, Qualität und Lieferbereitschaft einhergehend mit steigender Wettbewerbsintensität stellen Unternehmen vor große Herausforderungen. Kürzere Produktlebenszyklen, steigende Variantenvielfalt und sinkende Endverkaufspreise sind weitere Schwierigkeiten, denen sich Unternehmen im Wettbewerb stellen müssen.[2] Die Beschaffung bildet einen wesentlichen Ansatzpunkt, um diese vielfältigen Herausforderungen zu meistern. Bereits heute verursachen Beschaffungsaktivitäten einen der größten betrieblichen Kostenblöcke. Es besteht daher eine wachsende Notwendigkeit, sowohl die Kosten als auch die Leistungen der Beschaffung zu messen und zu optimieren.[3] Verstärkt wird die Bedeutung der Beschaffung für den Unternehmenserfolg durch Outsourcing-Tendenzen. Tätigkeiten, die nicht zu den Kernkompetenzen eines Unternehmens gehören, werden ausgelagert und im Anschluss wieder zugekauft. Damit sinkt die Fertigungstiefe. Der Kostenanteil der Beschaffungs- an den Gesamtkosten steigt stetig an.[4] In Folge der zunehmenden Fremdübertragung von Wertschöpfungsaufgaben kommt auf die Beschaffung eine verstärkte Koordinations-, Kooperations- und Integrationsaufgabe der Lieferanten über die gesamte Supply-Chain zu. Schon bei der Produktentwicklung ist eine Zusammenarbeit mit den Lieferanten anzustreben. So können sowohl Zeit-, Qualitäts-, als auch Kostenvorteile realisiert werden, um dem steigenden Wettbewerbsdruck standzuhalten.

Die dargestellten Entwicklungen zeigen, dass Beschaffungsaktivitäten sowohl an Bedeutung als auch an Komplexität gewinnen.[5] Trotzdem wird die Beschaffung bislang oft nur als „notwendiges Übel" gesehen, um den Produktionsprozess in Gang zu halten.[6] Die Beschaffung wird auf reine Preisverhandlungen mit dem Ziel der Kostenreduktion herunter gebrochen. Sie erfolgt reaktiv auf den zur Produktion notwendigen Materialbedarf. Sie ist

---

[1] Vgl. Tschandl/Schentler (2010), S. 15. Die Begriffe *Beschaffungscontrolling* und *Einkaufscontrolling* werden in der einschlägigen Literatur synonym verwendet. Dies kann als überraschend angesehen werden, da der Einkauf zumeist als operatives Teilgebiet der Beschaffung verstanden wird. Vgl. Arnolds/Heege/Tussing (2001), S. 22. Für den besseren Lesefluss soll in der vorliegenden Arbeit die Bezeichnung *Beschaffungscontrolling* durchgängig Anwendung finden. Vgl. Jahns (2005), S. 26.
[2] Vgl. Kerckhoff/Michalek (2007), S. 19-24.
[3] Vgl. Kaufmann/Thiel/Becker (2005), S. 3.
[4] Vgl. Kaufmann/Thiel/Becker (2005), S. 17; Buchholz (2002), S. 366.
[5] Vgl. Dechêne (2008), S. 42.; Huber/Oehm (2006), S. 49.
[6] Vgl. Makowski (2010), S. 14.

dadurch sowohl in der Wissenschaft als auch der Praxis ein zu wenig beachteter betrieblicher Funktionsbereich.[7] Dies gilt insbesondere für das Controlling in der Beschaffung.[8] Beschaffungscontrolling bleibt für viele Unternehmen bislang ein Fremdwort. So ergab eine Befragung aus dem Jahr 2011, dass erst bei 32 % der Unternehmen ein eigenständiges Beschaffungscontrolling implementiert ist.[9] Dabei stellt ein instrumental an die unternehmensspezifischen Anforderungen angepasstes Beschaffungscontrolling eine Vielzahl von Unterstützungsfunktionen für die Beschaffungsführung bereit, um die aktuellen und zukünftigen Herausforderungen der Beschaffung zu bewältigen. Durch den gezielten Einsatz des Beschaffungscontrollings können Materialkosten gesenkt und die Materialwirkung erhöht, Einkaufsprozesse optimiert, Bestandskosten reduziert und Investitionen beurteilt werden.[10] Das Beschaffungscontrolling unterstützt dabei die Beschaffungsführung bei der Erreichung der Beschaffungsziele und führt so wiederum zu Beschaffungserfolgen. Da Unternehmenserfolg als ein Resultat des Erfolgs einzelner Funktionsbereiche angesehen werden kann, leistet das Beschaffungscontrolling letztlich seinen Beitrag zur Sicherstellung des Unternehmenserfolgs und unterstützt damit die Existenzsicherung, in einem immer anspruchsvoller werdenden Wettbewerbsumfeld.[11]

Das Ziel der vorliegenden Studie ist es die vielfältigen Funktionen aufzuzeigen, die das Beschaffungscontrolling dem Management zur Realisierung von Beschaffungserfolgen bereitstellt. Auch die dazu notwendige instrumentale Ausgestaltung wird diskutiert. Außerdem werden die durch inner- und außerbetriebliche Einflussfaktoren verursachten, notwendigen funktionalen und instrumentalen Anpassungsmaßnahmen des Beschaffungscontrollings zur Gewährleistung zukünftiger Beschaffungserfolge dargestellt.
Hierfür werden in Kapitel 2[12] zunächst die theoretischen Grundlagen für die funktionale und instrumentale Betrachtung des Beschaffungscontrollings geschaffen. Dazu wird in Abschnitt 2.1 zunächst der Controlling-Begriff anhand der in der Literatur vorherrschenden Diskussion erläutert. Dabei richtet sich ein besonderes Augenmerk auf die Vielschichtigkeit des Begriffs in Bezug auf Definitionen, Konzeptionen, Ebenen und Träger.

---

[7] Vgl. Tschandl/Schentler (2010), Vorwort.
[8] Vgl. Lutz/Thiel/Becker (2005), S. 4.
[9] Vgl. o. V. (2012a), S. 7.
[10] Vgl. Tschandl/Schentler (2010), S. 29.
[11] Die Bedeutung des Beschaffungcontrollings für den Unternehmenserfolg steht in direkter Abhängigkeit mit dem Wertbeitrag der Beschaffung zum Unternehmensergebnis. Besonders hoch ist der Wertbeitrag der Beschaffung in Industrie und Handel. Eine Kostenoptimierung in der Beschaffung entfaltet dabei eine enorme Hebelwirkung auf das Unternehmnensergebnis. So lässt sich anhand des ROI-Schemas zeigen, dass eine Senkung der Materialkosten um 10% (bei gleichbleibender Kostenstruktur) die gleiche Ergebniswirkung besitzt wie eine 20%-ige Umsatzsteigerung. Vgl. Tschandl/Schentler (2008), S. 10.
[12] Vgl. Abbildung 1 für die Darstellung des Gangs der Untersuchung.

Nach der Erläuterung des Controlling-Begriffs befasst sich Abschnitt 2.2 mit dem betrieblichen Funktionsbereich Beschaffung, der die Bezugsgrundlage für das Beschaffungscontrolling bildet. Zunächst wird hierzu das betriebliche Versorgungssystem in die Komponenten Logistik, Materialwirtschaft und Beschaffung untergliedert, um im Anschluss daran eine differenzierte Betrachtung der drei Teilbereiche vorzunehmen. Danach erfolgt die Darstellung des Objektumfangs des verwendeten Beschaffungsbegriffs sowie des typischen Verlaufs des Beschaffungsprozesses. Im Anschluss daran soll das Zielsystem der Beschaffung anhand der vielfältigen, strategischen und operativen Beschaffungsziele verdeutlicht werden.

Nachdem das Controlling als Funktion und die Beschaffung als Funktionsbereich dargestellt sind, erfolgt die Darstellung des Beschaffungscontrollings als funktionsbereichsbezogene Controlling-Form in Abschnitt 2.3. In Analogie zum allgemeinen Controlling-Begriff soll auch hier die Vielschichtigkeit des Beschaffungscontrollings im Hinblick auf Definitionen, Konzeptionen, Ebenen und Träger dargestellt werden. In Abschnitt 2.4 wird die in der Literatur vorgenommene Diskussion zur funktionalen Dimension des Beschaffungscontrollings aufgezeigt. Es wird verdeutlicht, welche Schwierigkeiten bei der exakten Funktionszuordnung auf operativer sowie strategischer Ebene bestehen, um anschließend die zentralen Funktionen des Beschaffungscontrollings, die Informationsversorgung der Beschaffungsführung sowie die Unterstützung der Planungs-, Kontroll- und Steuerungsfunktion[13] der Beschaffungsführung, zu benennen. Damit das Beschaffungscontrolling seine Funktionen entfalten kann, bedarf es einer entsprechend ausgestalteten instrumentalen Grundlage. Deshalb folgt in Abschnitt 2.5 ein Überblick über die instrumentale Dimension des Beschaffungscontrollings. Nach der Definition des Begriffs „Instrument" werden die aus der Fachliteratur bekannten Kategorisierungen bezüglich des Beschaffungscontrolling-Instrumentariums diskutiert und anhand von Beispielen konkretisiert. Außerdem werden die allgemeinen Anforderungen an die Instrumentarien des Beschaffungscontrollings erläutert.

In Kapitel 3 erfolgt die Betrachtung des Beschaffungscontrollings aus funktionaler und instrumentaler Perspektive. Dazu richtet sich der Fokus in Abschnitt 3.1 zunächst auf die Benennung und Systematisierung der unternehmensexternen sowie der unternehmensinternen Einflussfaktoren des Beschaffungscontrollings, da sich diese auf die dem Beschaffungscontrolling zugeordneten Funktionen auswirken. Die Funktionen des Beschaffungscontrollings werden in 3.2 dargestellt, wobei zunächst die Zusammenhänge

---

[13] Vgl. Kaluza (2010), S. 175-284.

zwischen Informations-, Planungs-, Kontroll-, und Steuerungsfunktion verdeutlicht werden, bevor eine genauere Darstellung (3.2.1 bis 3.2.4) der einzelnen Funktionen erfolgt. Im Anschluss daran wird in 3.2.5 aufgezeigt, auf welche Handlungsfelder die vier Kernfunktionen des Beschaffungscontrollings Anwendung finden. In diesem Zusammenhang werden die Handlungsfelder[14] Material- und Güterflüsse, Lieferanten, Beschaffungsprogramm, Zahlungsströme sowie der innerbetriebliche Beschaffungsbereich ausgemacht und konkretisiert. Eine empirische Untersuchung wird nachfolgend in Abschnitt 3.2.6 als Grundlage herangezogen, um in der Praxis bestehende Schwachstellen der funktionalen Ausgestaltung einzelner Teilfunktionen des Beschaffungscontrollings aufzudecken. In Abschnitt 3.2.7 wird aufgezeigt, welchen Herausforderungen sich das Beschaffungscontrolling in Zukunft stellen muss. Daraus werden Implikationen für die notwendige funktionale und damit auch instrumentale Ausgestaltung zukünftiger Beschaffungscontrolling-Konzeptionen gezogen.

In Abschnitt 3.3 erfolgt, ausgehend von den in 3.2.6 und 3.2.7 gewonnenen Erkenntnissen, die Darstellung und Erläuterung von sechs in der Zukunft als besonders relevant zu erachtender Instrumente des Beschaffungscontrollings. Eine enumerative Aufzählung, wie oftmals in der Literatur vorgenommen, soll dadurch vermieden werden.[15] Bei der Darstellung der Controlling-Instrumente wird versucht, jedes der genannten Verfahren hinsichtlich seiner Stärken und Schwächen zu würdigen und Verknüpfungsmöglichkeiten mit anderen Instrumenten aufzuzeigen.[16]

In der Zusammenfassung und im Ausblick werden die Funktionen und Instrumente des Beschaffungscontrollings abschließend dargestellt. Ausgehend vom Ist-Zustand werden die funktionalen und instrumentalen Anpassungsmaßnahmen skizziert, die notwendig sind, um auch in Zukunft mit Hilfe des Beschaffungscontrollings einen substantiellen Beitrag zum Unternehmenserfolg leisten zu können. Zudem soll aufgezeigt werden, in welchen Bereichen des Beschaffungscontrollings weiterhin akuter Forschungsbedarf besteht.

---

[14] Vgl. Tschandl/Schentler (2008), S. 20-22.
[15] Vgl. Sievers (2009), S. 81.
[16] Im richtig abgestimmten Einsatz der Controlling-Instrumente sieht die einschlägige Fachliteratur bislang großen Forschungsbedarf. Vgl. Wagner/Weber (2007a), S. 52.

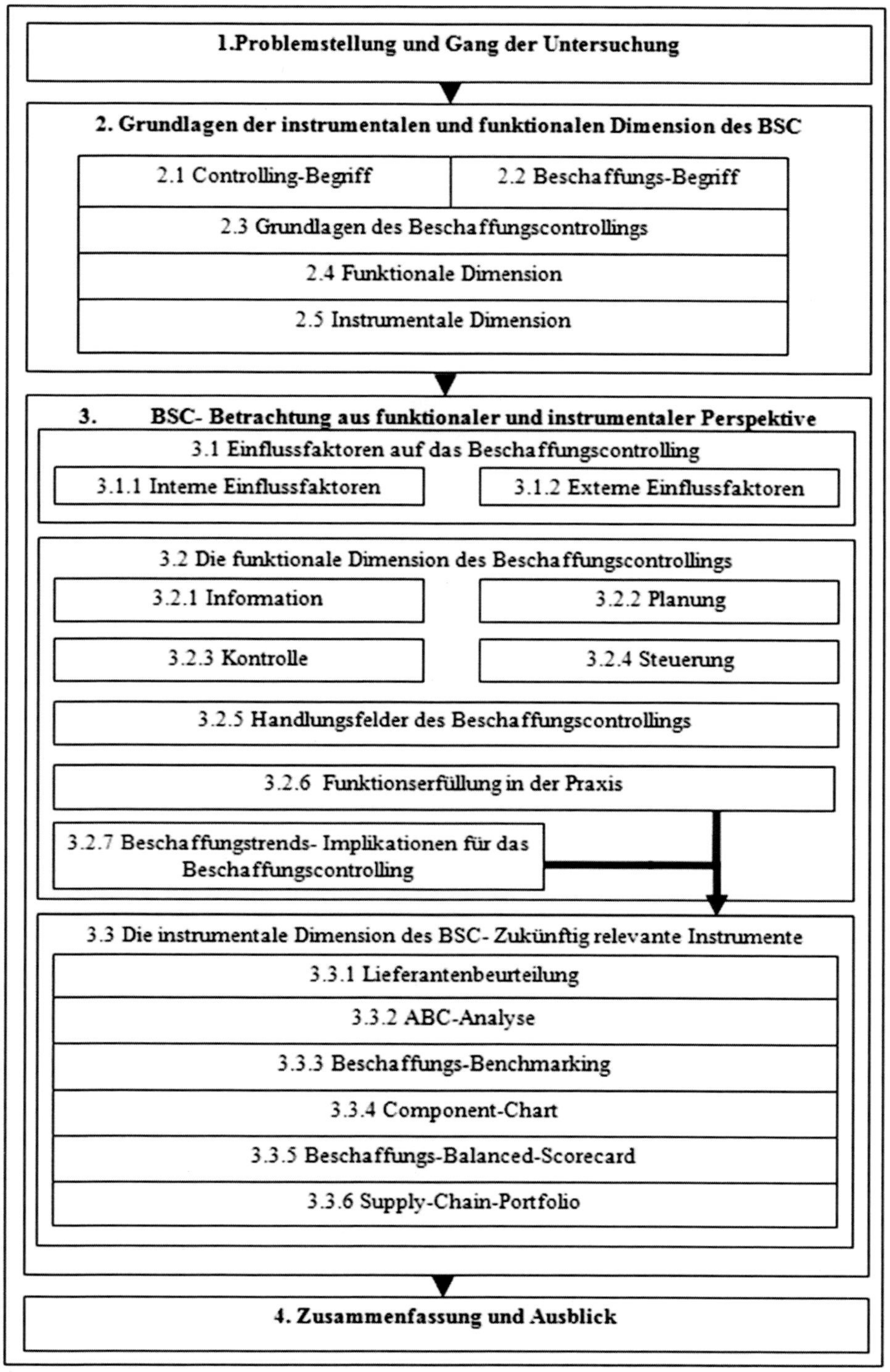

1.Problemstellung und Gang der Untersuchung

2. Grundlagen der instrumentalen und funktionalen Dimension des BSC

2.1 Controlling-Begriff	2.2 Beschaffungs-Begriff
2.3 Grundlagen des Beschaffungscontrollings	
2.4 Funktionale Dimension	
2.5 Instrumentale Dimension	

3.   BSC- Betrachtung aus funktionaler und instrumentaler Perspektive

3.1 Einflussfaktoren auf das Beschaffungscontrolling

3.1.1 Interne Einflussfaktoren	3.1.2 Externe Einflussfaktoren

3.2 Die funktionale Dimension des Beschaffungscontrollings

3.2.1 Information	3.2.2 Planung
3.2.3 Kontrolle	3.2.4 Steuerung

3.2.5 Handlungsfelder des Beschaffungscontrollings

3.2.6 Funktionserfüllung in der Praxis

3.2.7 Beschaffungstrends- Implikationen für das Beschaffungscontrolling

3.3 Die instrumentale Dimension des BSC- Zukünftig relevante Instrumente

3.3.1 Lieferantenbeurteilung
3.3.2 ABC-Analyse
3.3.3 Beschaffungs-Benchmarking
3.3.4 Component-Chart
3.3.5 Beschaffungs-Balanced-Scorecard
3.3.6 Supply-Chain-Portfolio

4. Zusammenfassung und Ausblick

Abbildung 1: Gang der Untersuchung.

15

2. Grundlagen der funktionalen und instrumentalen Dimension des Beschaffungscontrollings

2.1 Controlling-Begriff

Die Ursprünge des Controllings gehen bis in das 15. Jahrhundert zurück.[17] Im Bereich der staatlichen Verwaltung wurde am britischen Königshof ein „Controllour" eingesetzt, der damit beauftragt war, Aufzeichnungen über den Geld und Güterverkehr zu überprüfen.[18] In ähnlicher Funktion hatte in den USA seit 1778 ein „Comptroller" die Überwachung des Gleichgewichts zwischen dem Staatsbudget und der Verwendung der Staatsausgaben zu verantworten.[19] Großen Bedeutungszuwachs und eine Ausweitung seiner Handlungsfelder erfuhr das Controlling jedoch erst durch die Entwicklung von Großunternehmen in den USA während der zwanziger Jahre des vergangenen Jahrhunderts. Im Zuge ihres stetigen Wachstums sahen sich die Unternehmen mit einem zunehmenden Koordinations- und Kommunikationsproblem konfrontiert. Ausgelöst durch die Weltwirtschaftskrise stieg zudem der Bedarf nach effizienten Führungsinstrumenten. Das Controlling entwickelte sich daher aus der Praxis heraus als Antwort auf die neu aufgeworfenen betrieblichen Fragestellungen.[20]

Die ersten Abhandlungen zum Controlling wurden in der zweiten Hälfte der fünfziger Jahre in der BRD publiziert.[21] Der im deutschsprachigen Raum verwendete Begriff des Controllings geht auf den angelsächsischen Begriff „to control" zurück. Dieser kann mit den Verben regeln, steuern und beherrschen in den deutschen Sprachgebrauch übersetzt werden.[22] In Anbetracht der Tatsache, dass der Begriff „Controlling" im englischen Sprachgebrauch[23] keinerlei Anwendung findet, erscheint die linguistische Herkunft des Controlling-Begriffs überraschend.

Trotz der recht eindeutigen Übersetzung herrscht in der Literatur Uneinigkeit bezüglich des exakten Inhalts des Controlling-Begriffs, weshalb eine große Anzahl an definitorischen Ansätzen parallel existiert. Preißler beschreibt diesen Sachverhalt folgendermaßen: „Jeder hat seine eigene Vorstellung darüber, was Controlling bedeutet oder bedeuten soll, nur jeder meint etwas anderes."[24] So definiert etwa Horvárth Controlling als „Subsystem der Führung,

---

[17] Vgl. Sievers (2010), S. 33.
[18] Vgl. Peemöller (2005), S. 27.
[19] Vgl. Weber/Schäfer (2011), S. 9.
[20] Vgl. Sievers (2010), S. 33.
[21] Vgl. Horvárth (2011), S. 42.
[22] Vgl. Schröder (2003), S. 23.
[23] Im englischen Sprachgebrauch werden die Begriffe „Management accounting" oder „Managerial accounting" verwendet. Vgl. Küpper (2007), S. 750.
[24] Preißler (2000), S. 12.

das Planung und Kontrolle sowie Informationsversorgung systembildend und systemkoppelnd ergebniszielorientiert koordiniert und so die Adaption und Koordination des Gesamtsystems unterstützt".[25] Weber beschreibt Controlling als „eine bestimmte Funktion innerhalb des Führungssystems von solchen Unternehmen, deren Ausführungssystem primär durch Pläne koordiniert wird. […] Ziel des Controllings ist es, die Effizienz und Effektivität der Führung zu erhöhen und die Anpassungsfähigkeit zur Veränderung in der Um- und Innenwelt des Unternehmens zu steigern."[26] Eine dritte Definition liefert Reichmann der Controlling als „die zielbezogene Unterstützung von Führungsaufgaben, die der systemgestützten Informationsbeschaffung und Informationsverarbeitung zur Planerstellung, Koordination und Kontrolle dient", beschreibt.[27] Controlling sei dabei eine rechnungswesen- und vorsystemgestützte Systematik zur Verbesserung der Entscheidungsqualität auf allen Führungsstufen der Unternehmung.[28]

Eine dominierende Definition des Controlling-Begriffs existiert in der Literatur bislang nicht. Jung fasst deshalb Controlling als einen Arbeitsbegriff auf, dessen exakter Inhalt in der Praxis unterschiedlich ausgelegt werden kann.[29] Er wird in seiner Meinung durch die Tatsache unterstützt, dass in der Literatur oftmals nicht das „Controlling" an sich, sondern Controlling-Konzeptionen den Ausgangspunkt für weitere Betrachtungen bilden. Eine Controlling-Konzeption stellt dabei einen systematisch geordneten Entwurf von Controlling-Zielen, daraus abgeleiteten Controlling-Funktionen und den dazu benötigten Instrumenten und Methoden dar.[30] In der einschlägigen Fachliteratur lassen sich vier grundsätzliche Controlling-Konzeptionen unterscheiden: Die informationsversorgungsorientierten, die erfolgszielorientierten, die koordinationsorientierten sowie die rationalitätssicherungsorientierten Konzeptionen.[31]

Wichtig zum Verständnis des Controllings ist die Erkenntnis, dass der Controller (Funktionsträger) allein kein Controlling (Funktion) betreibt. Controlling ist vielmehr als ein Resultat aus der Zusammenarbeit zwischen Management und Controller zu verstehen. Letzterer besitzt dabei unterstützende Funktionen für das Management. Er kann somit als „Lotse zum Gewinn" verstanden werden.[32]

---

[25] Horvárth (2011), S. 123.
[26] Weber/Schäffer (2011), S. 23.
[27] Reichmann (2006), S. 13.
[28] Vgl. Reichmann (2006), S. 13.
[29] Vgl. Jung (2011), S. 6.
[30] Vgl. Göpfert (2005), S. 19.
[31] Vgl. Schultz (2009), S. 19.
[32] Vgl. Baier (2008), S. 71.

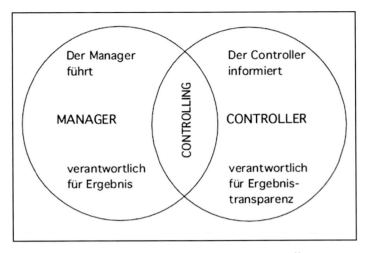

Abbildung 2: Controller-Controlling-Management.[33]

Controlling wird in die strategische und die operative Controlling-Ebene unterteilt. Strategisches Controlling verfolgt dabei das Ziel, die Erhaltung vorhandener und die Schaffung neuer Erfolgspotenziale zur langfristigen, zukunftsorientierten Existenzsicherung eines Unternehmens durch die aktive Unterstützung des Managements zu sichern. Dabei bestehen erhebliche Unsicherheiten bezüglich des zu Grunde liegenden Datenmaterials, weshalb strategisches Controlling eine äußerst komplexe Aufgabe darstellt. Hingegen liegt das Hauptaugenmerk des operativen Controllings auf der Sicherstellung der Wirtschaftlichkeit betrieblicher Prozesse in einem kürzeren Planungshorizont.[34] Im Rahmen des operativen Controllings wird davon ausgegangen, dass die verfügbaren Ressourcen weitestgehend fest stehen. Es wird mit detaillierten Zahlen, bei relativ geringer Unsicherheit gearbeitet was das Komplexitätsniveau im Vergleich zum strategischen Controlling reduziert. Strategische und operative Controlling-Ebene ergänzen sich gegenseitig, sind aufgrund verschiedener Wechselwirkungen nicht exakt voneinander abzugrenzen und bilden zusammen das Controlling-System eines Unternehmens.

In der vorliegenden Arbeit wird Controlling als eine führungsunterstützende Tätigkeit verstanden, welche durch die Sicherung der Führungsfähigkeit des Managements das effiziente Erreichen der Unternehmensziele gewährleisten soll.

---

[33] Vgl. Baier (2002), S. 21.
[34] Vgl. Piontek (2004), S. 24.

2.2 Beschaffungs-Begriff

Jedes Unternehmen kann als ein offenes, künstliches System angesehen werden, das Güter und Leistungen für den fremden Bedarf erzeugt.[35] Dazu müssen unternehmensspezifische Inputfaktoren über das betriebliche Versorgungssystem aufgenommen werden. Als Versorgung können dabei alle Tätigkeiten verstanden werden, die „auf die Bereitstellung der zur Erfüllung der unternehmerischen Aufgaben notwendigen Produktionsfaktoren abzielen, über die ein Unternehmen nicht selbst verfügt".[36] Anschließend werden die aufgenommenen Inputfaktoren einem Transformationsprozess (Leistungserstellung oder Produktion) unterzogen und abgesetzt (Leistungsverwertung/Absatz). Das Zusammenspiel aus Versorgungssystem, Produktion und Absatz bildet die betriebliche Wertschöpfungskette. Die Beschaffung ist neben Materialwirtschaft und Logistik ein Teilbereich des Versorgungssystems eines Unternehmens. Dabei dürfen die drei Teilbereiche nicht separat betrachtet werden. Materialwirtschaft, Logistik und Beschaffung sind vielmehr als unterschiedliche Perspektiven auf die gleiche Funktion zu erachten und dienen der störungsfreien und effizienten Versorgung eines Unternehmens mit den zur Produktion notwendigen Inputfaktoren. Während die Beschaffung einer funktionellen und marktbezogenen Betrachtung entspricht, steht bei der Logistik die Überbrückung von Raum und Zeit im Vordergrund. Die Perspektive der Materialwirtschaft hingegen ist intern orientiert und ausschließlich objektbezogen.[37] Zentrales Kennzeichen der Beschaffung ist also der Marktbezug, d. h. die Gestaltung der Schnittstelle zwischen Unternehmen und Beschaffungsmärkten. Arnold definiert die Beschaffung funktionsorientiert als „[…] sämtliche unternehmens- und/oder marktbezogene Tätigkeiten, die darauf gerichtet sind, einem Unternehmen die benötigten aber nicht selbst hergestellten Objekte verfügbar zu machen".[38]

Um die Beschaffung im Kontext des Beschaffungscontrollings betrachten zu können, bedarf es einer Abgrenzung der Beschaffung hinsichtlich des verwendeten Objektumfangs. Grundsätzlich müssen von Unternehmen Sachgüter, Rechte, Dienstleistungen, Personal, Informationen sowie Kapital bezogen werden. Bei der Betrachtung des Objektumfangs muss zwischen der Beschaffung im „weiteren Sinn" und der Beschaffung im „engeren Sinn" differenziert werden. Erfolgt die Zusammenfassung aller eben genannten

---

[35] Vgl. Tschandl/Schentler (2007), S. 7.
[36] Hamann/Lohrberg (1986), S. 5.
[37] Vgl. Arnold (1997), S. 9.
[38] Arnold (1997), S. 3. Zum Verständnis des Beschaffungs-Begriffs in der Literatur siehe Tabelle im Anhang B.

Beschaffungsobjekte, so ergibt sich der Beschaffungsbegriff „im weiteren Sinn".[39] Dieser Objektumfang ist allerdings nicht als Grundlage für das Beschaffungscontrolling geeignet, da in der Praxis die Beschaffung verschiedenartiger Objekte unterschiedlichen Abteilungen zugeordnet wird.[40] So obliegen die „Personalbeschaffung" der Personal- und die „Kapitalbeschaffung" der Finanzabteilung. Beides sind eigenständige Funktionsbereiche, die deshalb über ein eigenes Bereichscontrolling verfügen (können).[41] Aus diesem Grund bildet die Beschaffung im „engeren Sinn" in nahezu allen Controlling-Konzeptionen die Betrachtungsgrundlage des Beschaffungscontrollings.[42] Sie umfasst lediglich Sachgüter beziehungsweise Roh-, Hilfs- und Betriebsstoffe sowie fertigbezogene Teile.[43]

Um Sachgüter zu erwerben und den innerbetrieblichen Bedarfsträgern zur Verfügung stellen zu können, muss der Beschaffungsprozess durchlaufen werden. Ein Prozess ist dabei eine Kette von Aktivitäten die auf die Erbringung einer Leistung ausgerichtet ist.[44] Der Beschaffungsprozess lässt sich in mehrere Phasen untergliedern:[45]

1. Beschaffungsvorbereitung

- Ermittlung des Beschaffungsbedarfes
- Spezifikation des Beschaffungsbedarfes

2. Beschaffungsanbahnung

- Suche nach potentiellen Lieferanten
- Einholen von Angeboten
- Angebotsanalyse
- Lieferantenauswahl

3. Beschaffungsabschluss

- Vertragsverhandlungen
- Vertragsabschluss

4. Beschaffungsrealisation

- Überwachung der zeitlichen Vertragserfüllung
- Raumüberbrückung zwischen den Lieferanten und der beschaffenden Unternehmung
- Warenannahme
- Eingangslagerung

---

[39] Vgl. Schentler (2008), S. 13.
[40] Vgl. Friedl (1990), S. 63.
[41] Voraussetzung ist die Existenz eines funktionsbereichsbezogenen Controlling-Apparates.
[42] Vgl. Buck (1998), S. 84.
[43] Vgl. Jung (2011), S. 467.
[44] Vgl. Horvárth (2011), S. 532.
[45] Vgl. Piontek (2004), S. 37-38; Friedl (1990), S. 64.

Der Beschaffungsprozess soll dem Erreichen der Beschaffungsziele dienen. Dies kann dann als Beschaffungserfolg bezeichnet werden.[46] Das allgemeine Beschaffungsziel kann dabei wie folgt umschrieben werden: „Die richtigen Güter und Leistungen sind in der richtigen Menge, am richtigen Ort, zum richtigen Zeitpunkt, in der richtigen Qualität und zu den richtigen Kosten bereitzustellen."[47] Die Literatur kategorisiert die Beschaffungsziele innerhalb des allgemeinen Beschaffungsziels auf unterschiedliche Weise, inhaltlich unterscheiden sich die benannten Ziele jedoch kaum. Eine der am häufigsten verwendeten Kategorisierungen ist die Untergliederung in operative und strategische Beschaffungsziele.[48] Diese unterscheiden sich vornehmlich nach ihrer Fristigkeit.[49]

Ein strategisches Hauptziel der Beschaffung ist die *Sicherstellung der Materialversorgung*. Nur durch diese kann der Produktions- und damit auch Wertschöpfungsprozess eines Unternehmens in Gang gehalten werden. Das Ziel der gesicherten Materialversorgung lässt sich in mehrere Teilziele untergliedern. Eines davon ist die Wahrung der Beschaffungsflexibilität. Vor dem Hintergrund volatiler Beschaffungsmärkte ist es wertvoll, Verträge kurzfristig gestalten zu können. Flexibilität im Hinblick auf Liefermenge, Liefertermin sowie der Leistung an sich ist deshalb wünschenswert. Das Ziel der Materialversorgung beinhaltet außerdem den Aspekt der Risikostreuung und der Sicherung der Unabhängigkeit gegenüber einzelner Lieferanten. Der Ausfall eines Zulieferers sollte nicht den Produktionsausfall zur Folge haben. Es ist deshalb notwendig Ersatzlieferanten oder Substitutionsprodukte ausfindig zu machen.[50] Unternehmenserfolg ist zumeist verbunden mit steigenden Produktionsvolumina. Um steigende Produktionsvolumina gewährleisten zu können, müssen in den meisten Fällen auch die Beschaffungsvolumina gesteigert werden. Die Sicherung der langfristigen Wachstumsrate der Beschaffung ist deshalb ein weiteres Teilziel innerhalb des Hauptziels der gesicherten Materialversorgung. Ein immer wichtiger werdender Aspekt innerhalb des Hauptziels der gesicherten Materialversorgung ist zudem die beschaffungsseitige Diversifikation.[51] Um wettbewerbsfähig zu bleiben bedarf es Produktinnovationen. Diese bestehen oftmals auch aus neuartigen Teilen und Komponenten. Die Versorgung mit solchen neuen Produktbestandteilen muss gewährleistet werden. Dazu müssen sowohl neue Produkt- als auch neue Beschaffungsmarktbereiche erschlossen werden.

---

[46] Ziele sind angestrebte, zukünftige Zustände. Vgl. Hahn/Hugenberg (2001), S. 11-22.
[47] Tschandl/Schentler (2008), S. 9.
[48] Vgl. Piontek (2004), S. 32; Friedl (1990), S. 103.
[49] Vgl. Jung (2011), S. 468.
[50] Es ist zu beachten, dass in der Wahrung der Unabhängigkeit bezüglich einzelner Lieferanten eine große Schwierigkeit liegt. Die in 3.2.7 dargestellten Beschaffungstrends zeigen, dass eine enge Lieferantenbindung zunehmend notwendig wird, um Synergieeffekte zu erzeugen.
[51] Siehe Abschnitt 3.2.7.

Die *Sicherung der Qualitätsstandards* kann als ein zweites Hauptziel der strategischen Beschaffung genannt werden. Dieses Ziel beinhaltet zwei Aspekte: Zum einen sollen die Qualitätsstandards der Beschaffungsobjekte gesichert, zum anderen soll der geforderte Technologiestandard erreicht oder wenn möglich sogar übertroffen werden.

Als drittes Hauptziel der strategischen Beschaffung ist die *Sicherung der Beschaffungsmarktposition* zu betrachten. Dies betrifft sowohl die Nachfragemacht bezüglich der Lieferanten als auch die Wahrung der Unternehmensreputation.[52]

Als letztes Hauptziel der strategischen Beschaffung kann die *Sicherung der Preisstabilität* angesehen werden. Diese ist insbesondere in Hinblick auf die langfristige Planung wichtig, da sie sich auf die Planungssicherheit maßgeblich auswirken kann.

Als erstes operatives Hauptziel der Beschaffung ist die *Optimierung der Beschaffungskosten* zu nennen. Hierunter fallen sowohl die Optimierung der Objektkosten als auch die Optimierung der Beschaffungsprozesse. Dem Begriff der Optimierung kommt in diesem Fall eine besondere Bedeutung zu. Eine Reduktion der Einkaufspreise ist nur dann sinnvoll, wenn dadurch andere Zielgrößen wie etwa die *Materialqualität* nicht überproportional leiden. Durch sinkende Materialqualität könnte die Kundenzufriedenheit sinken, der Umsatz einbrechen und die Reduktion der Objektkosten mehr als aufgewogen werden.[53]

Eine weitere Zielgröße der operativen Beschaffung ist die *Sicherung der Liquidität*. Durch eine abgestimmte Vertragsgestaltung sollen Liquiditätsengpässe und damit verbundene Kosten für kurzfristige Kredite vermieden werden.

Als letztes operatives Beschaffungsziel ist die *Sicherung der Lieferbereitschaft* anzusehen. Dieses Ziel kann als operative Umsetzung des strategischen Ziels der gesicherten Materialversorgung betrachtet werden. Durch beschaffungspolitische Maßnahmen wie der Lieferantenpflege oder einer weitläufigen Markterschließung soll dabei die Mengen- und termingerechte Materialversorgung für die unternehmensinternen Bedarfsträger gesichert werden.

---

[52] Da Unternehmen im Rahmen der Beschaffung mit der Unternehmensumwelt in Kontakt treten, kann die Unternehmensreputation durch Beschaffungsaktivitäten besonders schnell geschädigt werden. Als Negativbeispiel fungiert hier der Fall des Taiwanesischen Elektronik-Zulieferers Foxconn. Eine Suizid-Serie ausgelöst durch katastrophale Arbeitsbedingungen und Dumping-Löhne hat besonders das Image von Apple beschädigt, das gleichzeitig neue Rekordgewinne vermeldete. Insbesondere durch Compliance Richtlinien in der Beschaffung und Beschaffungskonzepten wie dem Green-Procurement versuchen Unternehmen ihre Reputation zu wahren und eine nachhaltige Beschaffung zu gewährleisten. Vgl o.V. (2012b), S.47.

[53] Um die Wechselwirkungen zwischen und Qualitätsänderungen (und dadurch bedingten Absatzänderungen) zu erkennen und zielgerichtet steuern zu können, bedarf es der innerbetrieblichen Kommunikation zwischen den Funktionsbereichen Beschaffung und Absatz. Dies ist nur ein Beispiel dafür, weshalb die Integration der Beschaffung in andere betriebliche Funktionsbereiche wünschenswert ist. Hierin ist eine erste Funktion des Beschaffungscontrollings zu erkennen.

Betrachtet man das beschriebene strategische und operative Zielsystem der Beschaffung, so wird ein problematischer Aspekt erkennbar: Das Auftreten einer Vielzahl von Zielkonflikten. Bei der Festlegung der Beschaffungsziele müssen diese von der Beschaffungsführung erkannt und sorgfältig abgewogen werden. Bei der Bewältigung dieser komplexen Aufgabe wird die Beschaffungsführung idealerweise durch das Beschaffungscontrolling unterstützt.[54] Folgende Tabelle gibt einen Überblick über strategische und operative Beschaffungsziele:

Strategische Beschaffungsziele	Operative Beschaffungsziele

• Sicherstellung der Materialversorgung
  ➢ Wahrung der Flexibilität
  ➢ Risikostreuung
  ➢ Steigerung der vertikalen Integration
  ➢ Wahrung der Unabhängigkeit
  ➢ Sicherung der langfristigen Wachstumsrate
  ➢ Beschaffungsseitige Diversifikation
• Sicherstellung der Qualität
  ➢ Sicherstellung des Qualitätsstandards des Materials
  ➢ Sicherstellung des Technologiestandards des Materials
• Sicherung der Beschaffungsmarktposition
  ➢ Sicherung der Nachfragemacht
  ➢ Wahrung des Ansehens des Unternehmens
• Sicherung der Preisstabilität
	• Optimierung der Beschaffungskosten
	  ➢ Optimierung der Einkaufspreise
	  ➢ Optimierung der Beschaffungsprozesse
	• Sicherstellung der Materialqualität
	• Sicherung der Liquidität
	• Sicherung der Lieferbereitschaft

Problem: Große Anzahl an Zielkonflikten	

Tabelle 1: Zielsystem der Beschaffung.[55]

---

[54] In der Unterstützung des Managements bei der Festlegung des Beschaffungszielsystems ist eine zweite Funktion des Beschaffungscontrollings zu erkennen. In Abschnitt 3.2.3 wird die Unterstützung der Beschaffungsführung durch das Beschaffungscontrolling während der Zielsystemplanung näher betrachtet.
[55] Vgl. Friedl (1990), S. 103.

2.3 Begriff des Beschaffungscontrollings

Controlling wird häufig als relativ homogenes Konstrukt mit fest definierten Funktionen und Instrumenten verstanden. Dabei findet Controlling Anwendung in vielen Funktionsbereichen eines Unternehmens. Erfolgt Controlling funktionsbereichsspezifisch so erhält es eigenständige Bezeichnungen. In diesem Zusammenhang kann etwa zwischen den Disziplinen Produktionscontrolling, Personalcontrolling, Finanzcontrolling und auch dem Beschaffungscontrolling unterschieden werden.[56] Diese funktionsbereichsspezifischen Controlling-Formen erhalten in der Literatur oftmals die Bezeichnung des Bindestrich-Controllings.[57]

Das Beschaffungscontrolling ist eine auf den Beschaffungsbereich bezogene Form des Controllings. Es wurde geschaffen da produzierende sowie Handelsunternehmen immer häufiger darauf angewiesen sind, die Kosten für die Herstellung sowie den Einkauf ihrer Produkte zu optimieren.[58] Die Literatur zum Beschaffungscontrolling ist dabei durch eine starke Heterogenität geprägt.[59] Dies hat mehrere Ursachen. In Analogie zum allgemeinen Controlling-Begriff beschreibt auch die Literatur zum Beschaffungscontrolling eine Vielzahl an unterschiedlichen Beschaffungscontrolling-Konzeptionen. Die unterschiedlichen Konzeptionen richten sich dabei nach den jeweiligen Bedürfnissen der Beschaffungsführung aus, in dem sie betriebswirtschaftlichen Service und Entscheidungsunterstützung anbieten, um eine effiziente und effektive Gestaltung der Beschaffung zu sichern.[60]

Ein weiterer Grund für die differenzierte Betrachtung des Themas Beschaffungscontrolling in der Literatur ist die Auswahl unterschiedlicher Betrachtungsperspektiven. Die ausgewählten Akzentuierungen der theoretischen Abhandlungen schwanken stark. Während einige Beiträge auf theoretischen Ansätzen verharren[61], fokussieren sich andere teilweise nur auf die Kostenoptimierung als Zielgröße des Beschaffungscontrollings[62]. Andere Beiträge befassen sich primär mit den Instrumenten des Beschaffungscontrollings.[63] Gemäß der Strukturierung des betrieblichen Versorgungssystems bestehen große Überschneidungen zwischen dem Beschaffungscontrolling sowie dem Logistik- und Materialwirtschaftscontrolling.[64] Küpper erkennt daraus sogar eine Schwierigkeit, neben dem Logistikcontrolling ein selbstständiges

---

[56] Vgl. Kaufmann/Becker/Thiel (2005), S. V.
[57] Vgl. Deyhle/Steigmeier (1993), S. 205.
[58] Vgl. Reinschmidt (1989), S. 138.
[59] Vgl. Sievers (2009), S. 81.
[60] Vgl. Tschandl/Schentler (2010), S. 33.
[61] Vgl. die Ausführungen von Friedl (1990) und Buck (1998).
[62] Vgl. Katmarzyk(1988), S. 110-114; Bornemann (1987), S. 9-10.
[63] Vgl. Sievers (2009), S. 81; Piontek (2004), S. 95-241.
[64] Vgl. Kaluza (2010), S. 56.

Beschaffungscontrolling abzugrenzen.[65] Die aus den verschiedenen Betrachtungsansätzen resultierende Vielfalt an definitorischen Ansätzen ist deshalb nicht überraschend. Eine einheitliche und umfassende Definition des Beschaffungscontrollings existiert also nicht.[66]

Witt konkretisiert Beschaffungscontrolling in Hinblick auf seine Handlungsfelder als ein „Controlling in Bezug auf Lieferantenwahl und Kosten der Beschaffung".[67] Piontek sieht Beschaffungscontrolling hingegen als eine Einstellung für den Beschaffungsbereich. „Letztendlich geht es darum, Controlling als eine Art Denkhaltung für alle Entscheidungsträger in der Beschaffung zu verankern."[68] Arnold definiert das Beschaffungscontrolling anhand seiner Ziele. „Das Beschaffungscontrolling kann als ein System von Führungshilfen verstanden werden, das durch die Bereitstellung von Methoden und Informationen zur Sicherung der Koordinations-, Adaption-, Reaktions- und Innovationsfähigkeit beiträgt".[69] Weitestgehende Einigkeit herrscht in der Literatur darüber, Beschaffungscontrolling als Unterstützungsfunktion der Beschaffungsführung anzusehen. Neuere Beiträge befassen sich vor allem mit dem Aspekt der Rationalitätssicherung der Beschaffungsführung.[70]

Beschaffungscontrolling findet sowohl auf operativer als auch auf strategischer Ebene Anwendung. Piontek schreibt hierzu: „Strategisches Beschaffungscontrolling bedeutet, dass systematisch, zukünftige Chancen und Risiken auf dem Beschaffungsmarkt und seinem Umfeld erkannt und beobachtet werden."[71] Er sieht strategisches Beschaffungscontrolling als ein langfristig ausgerichtetes, globales Controlling der Beschaffung, dass nach Chancen und Nutzen auf dem Beschaffungsmarkt sowie dem Beschaffungsmarktumfeld sucht. Witt grenzt dabei die Handlungsfelder des strategischen Beschaffungscontrollings wie folgt ein: „Im Rahmen des strategischen Beschaffungscontrollings geht es insbesondere um eine Sourcing-Strategie beziehungsweise um das sogenannte Zuliefermanagement."[72] Piontek bemängelt, dass strategische Beschaffungscontrolling-Probleme in der Literatur bislang zu wenig Aufmerksamkeit finden.[73] Das operative Beschaffungscontrolling hingegen ist kurzfristiger orientiert. Sein Spielraum ist durch die Vorgaben des strategischen Beschaffungscontrollings beschränkt. Das Hauptaugenmerk des operativen Beschaffungscontrollings liegt in der

---

[65] Vgl. Küpper (2009), S. 489.
[66] Vgl. Sievers (2009), S. 81.
[67] Vgl. Witt (2002), S. 25.
[68] Piontek (2004), Vorwort.
[69] Arnold (1997), S. 223.
[70] Vgl. Sievers (2009), S. 81.
[71] Piontek (2004), S. 51.
[72] Witt (1997), S. 30.
[73] Vgl. Piontek (2004), S. 46.

Effizienzsicherung des Beschaffungsbereiches. Piontek sieht im operativen Beschaffungscontrolling das Planungs-, Steuerung- und Kontrollsystem für das Erzielen und Sichern des kurzfristigen beschaffungswirtschaftlichen Optimums.[74] Darunter fallen für Buchholz etwa Rationalisierungsmaßnahmen wie die Vereinfachung von Beschaffungsprozessen oder die Senkung der Beschaffungsprozesskosten.[75] Des Weiteren sei die Funktion des operativen Beschaffungscontrollings, den Aufbau und den Betrieb eines beschaffungsorientierten Informationssystems zu gewährleisten.[76] Das Beschaffungscontrolling unterstützt dabei sowohl die operative als auch die strategische Beschaffungsführung, mit dem Ziel die Kosten der Beschaffung (Materialkosten, Prozesskosten) zu reduzieren und die Leistung der Beschaffung zu verbessern.[77]

Die Ziele des Beschaffungscontrollings lassen sich aus den Zielen des generellen Unternehmenscontrollings ableiten. Dessen oberste Zielsetzung kann als Kapitalwert- bzw. Gewinnmaximierung der Unternehmung unter Beachtung der Liquiditätssicherung angesehen werden.[78] Die Ziele des Beschaffungscontrollings lassen sich grundsätzlich in zwei Kategorien einteilen. Direkte und indirekte Ziele. Während die direkten Ziele die Art der Problemlösung beinhalten, geht es bei den indirekten Zielen um die dabei zu verfolgenden Unternehmens- bzw. Beschaffungsziele.[79] Die direkten Ziele sind die Sicherung und Erhaltung der Koordinations-, Reaktions- und Adaptionsfähigkeit der Führung.[80] Die Beschaffungsführung soll in die Lage versetzt werden, die Beschaffungsziele mit Hilfe geeigneter Entscheidungen möglichst effizient erreichen zu können. Die indirekten Ziele des Beschaffungscontrollings beziehen sich auf den erwünschten Zustand nach der Durchführung der Beschaffungscontrolling-Aktivitäten. Es handelt sich hierbei um die bereits in 2.2 dargestellten strategischen und operativen Beschaffungsziele.[81]

Zur Zielerreichung besteht das Beschaffungscontrolling im Wesentlichen aus drei Bausteinen. Der Beschaffungsmarktforschung, dem Frühaufklärungssystem der Beschaffung sowie der Beschaffungskosten- und Leistungsrechnung.[82] Die Beschaffungsmarktforschung umfasst alle Tätigkeiten der Informationsbereitstellung, die darauf abzielen, das Unternehmen mit beschaffungsmarktbezogenen Informationen zu versorgen. Das Frühaufklärungssystem soll

---

[74] Vgl. Kaluza (2010), S. 56.
[75] Vgl. Buchholz (1999), S. 52.
[76] Vgl. Reinschmidt (1989), S. 129.
[77] Vgl. Wagner/Weber (2007a), S. 17.
[78] Vgl. Kaufmann/Becker/Thiel (2005), S. 5.
[79] Vgl. Friedl (2003), S. 8.
[80] Vgl. Friedl (1990), S. 285.
[81] Vgl. Abschnitt 2.2.
[82] Vgl. Piontek (2004), S. 47-48.

strategische Unternehmens- und Umweltentwicklungen erfassen und dem Beschaffungsmanagement zur Verfügung stellen. Die Beschaffungskosten- und Leistungsrechnung besitzt hingegen die Aufgabe Abhängigkeiten zwischen Kosten und Leistungen in der Beschaffung, welche Entscheidungsrelevanz besitzen, in einer differenzierten Auflistung nach Kostenart, Kostenstelle und Kostenträger darzustellen.[83]

In der vorliegenden Arbeit soll das Beschaffungscontrolling als eine den spezifischen Anforderungen entsprechende Projektion des Controllings auf den Beschaffungsbereich verstanden werden. Beschaffungscontrolling ist somit eine führungsunterstützende Tätigkeit die durch die Sicherung der Führungsfähigkeit[84] des Beschaffungsmanagements das Erreichen der Beschaffungsziele auf effiziente Weise gewährleisten soll. Dabei werden sowohl die Funktionen als auch die Instrumente des Controllings den beschaffungsspezifischen Anforderungen angepasst.

---

[83] Vgl. Giese/Trockel (2009), S. 191-193.
[84] Hierunter ist die Koordinations-, Reaktions- und Adaptionsfähigkeit der Beschaffungsführung zu verstehen.

2.4 Funktionale Dimension

Die Funktionen, die dem Beschaffungscontrolling aufgrund der Beschaffungsziele zugeordnet werden, bilden den funktionalen Aspekt einer Beschaffungscontrolling Konzeption. Die Funktionen des Beschaffungscontrollings umfassen also alle Aktivitäten, im Hinblick auf die Controlling-Ziele. Nicht alle Beschaffungsfunktionen werden von der Beschaffungsführung ausgeführt. Auch die Unternehmensführung übernimmt Beschaffungsaufgaben. Dadurch ergeben sich unterschiedliche Möglichkeiten, welcher Funktionsumfang dem Beschaffungscontrolling zugeschrieben wird. Dies gilt insbesondere für strategische Fragestellungen. Hinsichtlich des Funktionsumfangs des Beschaffungscontrollings gilt es zwischen einer organisationsorientierten und einer bereichsorientierten Differenzierung zu unterscheiden.

Von einer organisationsorientierte Differenzierung kann gesprochen werden, wenn das Beschaffungscontrolling im Wesentlichen die Bereichsführung der Beschaffung unterstützt. Demgegenüber liegt eine bereichsorientierte Differenzierung vor, wenn die Unterstützung alle Beschaffungsfunktionen auch über die Organisationseinheit Beschaffung hinaus umfasst.[85] Holltrup und Littkemann weisen darauf hin, dass auch eine genaue Trennung zwischen Beschaffungscontrolling und Beschaffungsmanagement nicht immer eindeutig möglich ist, so dass eine große Anzahl an Funktionen, die funktional dem Beschaffungscontrolling zugerechnet werden, institutionell dem Beschaffungsbereich angegliedert sind.[86] Die Einteilung und exakte Formulierung der Funktionen des Beschaffungscontrollings erfolgt nicht zuletzt deshalb in der Literatur auf vielfältige Art und Weise. Die funktionale Untergliederung erfolgt oftmals anhand der Controlling-Ebenen. Dabei wird zumeist zwischen strategischen und operativen Funktionen differenziert.[87]

Arnold sieht die Hauptfunktion des strategischen Beschaffungscontrollings darin, den Bedarf in qualitativer als auch in quantitativer Art zu ermitteln und die gewonnenen Informationen dem Management bereitzustellen.[88] Piontek hingegen sieht die Zentrale Funktion des strategischen Beschaffungscontrollings darin, die Durchführung und Realisation der Beschaffungsstrategien zu steuern und zu kontrollieren. Er nennt dabei einige konkrete Funktionen:[89]

---

[85] Vgl. Tschandl/Schentler (2008), S. 19.
[86] Vgl. Holltrup/Littkemann (2006), S. 140.
[87] Vgl. Piontek (2004), S. 50-57; Buchholz (1999), S. 54.
[88] Vgl. Arnold (1997), S. 223.
[89] Vgl. Piontek (2004), S. 51.

- Initiierung des strategischen Leitbildes der Beschaffung,
- Anfertigung einer Stärken-Schwächen-Analyse der Beschaffungspotentiale,
- Entwicklung strategischer Beschaffungsziele,
- Institutionalisierung des strategischen Soll-Ist-Vergleiches,
- Vorbereitung von Steuermaßnahmen für Zielabweichungen.

Auf operativer Ebene werden von Piontek Planungs-, Kontroll-, Informations- und Koordinationsfunktionen unterschieden, welche sich an den strategischen Gegebenheiten auszurichten haben.[90] Damit unterscheidet er sich von vielen anderen Autoren die auch die Unterstützung der Beschaffungssteuerung als operative Teilfunktion des Beschaffungscontrollings ansehen.[91]

Eine weitere in der Literatur vorzufindende funktionale Untergliederung differenziert zwischen systembildenden- und systemkoppelnden Funktionen. Reinschmidt sieht dabei den Beschaffungs-Planungs- und Kontroll-Service sowie die Beschaffungs-Informationsversorgung als Funktionen des Beschaffungscontrollings an.[92] Arnold folgt dieser Einteilung und verwendet dabei die Begriffe Aufgaben und Funktionen synonym: „Es übernimmt einerseits systembildende Aufgaben, indem beispielsweise Verfahrensabläufe in der Beschaffung gestaltet oder verändert werden, anderseits werden auch systemkoppelnde Aufgaben bearbeitet."[93] Eine ähnliche Kategorisierung nimmt Friedl vor, die in systemgestaltende sowie prozessunterstützende Funktionen unterteilt. Dabei behält sie allerdings in Analogie zu Piontek und Küpper eine Unterteilung in strategische und operative Funktionen bei.[94] Halusa betrachtet die Funktionen des Beschaffungscontrollings vor allem aus einer konstituierenden Perspektive. Er sieht dabei die Initiierung, Gestaltung und Implementierung eines Beschaffungsplanungs- und –kontrollsystems sowie eines Beschaffungs-Informationsversorgungssystems als Hauptfunktionen des Beschaffungscontrollings an.[95] Katmarzyk erachtet als wesentliche Komponente der funktionalen Betrachtung den zeitlichen Wirkungsbereich des Beschaffungscontrollings. Die Funktion des Beschaffungscontrollings sieht er dabei als zukunftsorientierte Unterstützungsfunktion des Beschaffungsmanagements bei der Planung und erfolgsorientierten Steuerung der Beschaffungsaktivitäten. Seiner Ansicht nach stehen die Erfassung, Analyse und Optimierung der Beschaffungskosten sowie die Messung des

---

[90] Piontek (2004), S. 50-57.
[91] Vgl. die Ausführungen von Kaluza (2010) und Katmarzyk (1988).
[92] Vgl. Reinschmidt (1989), S. 92-150.
[93] Arnold (1997), S. 240.
[94] Vgl. Friedl (1990), S. 132-200.
[95] Vgl. Halusa (1996).

Beschaffungserfolgs unter Bereitstellung der relevanten Informationen im Bereich der Beschaffung im Vordergrund.[96]

Es lässt sich festhalten, dass sich trotz der unterschiedlichen Annahmen in Hinblick auf die zugrundeliegende Controlling-Konzeption, gewählte Betrachtungsperspektive und Akzentuierung die in der Literatur beschriebenen Funktionen des Beschaffungscontrollings weitestgehend ähneln. So hat das Beschaffungscontrolling primär dem Beschaffungsmanagement Informationen zur Unterstützung seiner Führungsfunktion bereitzustellen. Es handelt sich dabei sowohl um monetäre als auch um nicht monetäre Ergebnisgrößen, welche wiederrum in den Managementprozess einfließen.[97] Darüber hinaus gilt es eben diesen Managementprozess der Planung, Kontrolle und Steuerung zu unterstützen. Dabei besitzen die genannten Funktionen sowohl strategische als auch operative Dimension[98], weshalb eine weitere Untergliederung in der vorliegenden Arbeit unterbleibt. Es bestehen sowohl Rückkopplungen[99] als auch Überlappungen[100] die eine strenge Trennung der strategischen und operativen Funktionen des Beschaffungscontrollings als nicht sinnvoll erscheinen lassen.[101]

---

[96] Vgl. Katmarzyk (1988), S. 110-114.
[97] Vgl. Kaufmann/Thiel/Becker (2005), S. 4.
[98] Vgl. Baier (2008), S. 66.
[99] So gehen etwa Informationen aus der strategischen Kontrolle in die operative Planung ein.
[100] So kann die operative Planung als Bestandteil der strategischen Planung angesehen werden. Vgl. Baier (2008), S. 66.
[101] Vgl. Baier (2008), S. 66.

2.5 Instrumentale Dimension

Damit das Beschaffungscontrolling seine Funktionen erfüllen kann, bedarf es einem den angestrebten Funktionen entsprechend ausgestalteten Controlling-Instrumentarium: „Als Instrumente des Beschaffungscontrollings sind solche betriebswirtschaftlichen Verfahren, Methoden und Techniken anzusehen, die zur zweckadäquaten Wahrnehmung der beschaffungswirtschaftlichen Controlling-Funktionen erforderlich sind."[102]

Unter den Instrumenten des Beschaffungscontrollings können sowohl immaterielle Hilfsmittel wie Modelle und Verfahren, als auch reale Hilfsmittel wie der Einsatz moderner Informationstechnologie subsumiert werden. Dabei können nahezu alle betriebswirtschaftlichen Methoden zum Controlling-Instrumentarium gezählt werden.[103] Die eingesetzten Instrumente sollen dazu dienen, die Funktionen des Beschaffungscontrollings zu unterstützen.[104] Die Diskussion der Instrumente des Beschaffungscontrollings ist in der betriebswirtschaftlichen Literatur weit verbreitet.[105] Dabei kommt in der Beschaffungs-Praxis eine nahezu unüberschaubare Anzahl von Controlling-Instrumentarien zum Einsatz.[106] Eine optimale Auswahl der Instrumente beziehungsweise eine abgestimmte Kombination gestalten sich daher schwierig.

In der Literatur wird oftmals auf die Notwendigkeit einer situativen Ausgestaltung des Beschaffungscontrolling-Instrumentariums hingewiesen. Jedoch existiert bisher noch keine Methodik, die eine systematische Auswahl von Instrumenten des Beschaffungscontrollings anhand von Rahmenbedingungen und Anforderungen zulässt.[107]

Es lassen sich mehrere grundsätzliche Anforderungen an die angewendeten Instrumente ausmachen. Das Controlling-Instrumentarium sollte sich gegenseitig ergänzen, sodass ein lücken- und überschneidungsfreies Beschaffungscontrolling realisiert werden kann. Sowohl in zeitlicher als auch in sachlicher Hinsicht sollte dabei ein Lückenschluss erfolgen. Eine weitere Anforderung ist die gegenseitige Kompatibilität.[108] Auch dürfen die eingesetzten Verfahren und Methoden der Unternehmenskultur nicht entgegenstehen („Cultural Fit"), d. h. sie müssen

---

[102] Reinschmidt (1989), S. 169.
[103] Vgl. Tschandl/Schentler (2008), S. 22.
[104] Vgl. Wagner/Weber (2007a), S. 33-36.
[105] Vgl. Jung (2011), S. 469-488; Kaluza (2010), S. 58; Piontek (2004), S. 95-247; Arnold (1997), S. 227.
[106] Vgl. Kaluza (2010), S. 58.
[107] Vgl. Tschandl/Schentler (2010), S. 41.
[108] Hierunter ist besonders die Realisierung von Synergieeffekten zwischen einzelnen Instrumenten zu verstehen. So kann etwa, wie später dargestellt, die ABC-Analyse sehr gut mit der XYZ-Analyse und dem Component-Chart verknüpft werden. Dadurch wird ein Mehrwert für das Unternehmen geschaffen, ohne die Anzahl der Instrumente und die damit verbundene Komplexität des Controlling-Systems, steigern zu müssen.

innerhalb des Unternehmens auf Akzeptanz stoßen.[109] Dabei ist es nicht immer möglich und sinnvoll, den gesamten Umfang des möglichen Beschaffungscontrolling-Instrumentariums einzusetzen. Welche geeignet sind, hängt von den unterschiedlichen internen und externen Einflussgrößen sowie den situativen Anforderungen[110] der Verwendung, dem Entwicklungsstand des Controllings und dem Führungsverhalten des Unternehmens ab.[111]

Die Auswahl und der Einsatz des Beschaffungscontrolling-Instrumentariums stehen im Spannungsfeld zwischen betriebswirtschaftlichen Anforderungen auf der Einen und der notwendigen Verständlichkeit und Einfachheit auf der anderen Seite.[112] Bevor ein bestimmtes Instrument zum Einsatz kommt, sollte dieses auf seine Zweckmäßigkeit hin untersucht werden. In diesem Zusammenhang gilt es, die Frage zu stellen, ob Leistungs- und Anforderungsprofil übereinstimmen, beziehungsweise ob durch den Einsatz überhaupt ein Mehrwert für das Unternehmen realisiert werden kann. Es muss dabei zu einer Kosten/Nutzen Abwägung kommen. Ist diese zugunsten des Nutzens entschieden, schließt sich als Nächstes die Frage nach der Machbarkeit ihres Einsatzes an. Dabei müssen zwei Aspekte beachtet werden.[113] Als erstes Kriterium im Rahmen der Machbarkeitsprüfung gilt es zu klären, ob die erforderlichen freien Kapazitäten an Menschen und Systemen für den Einsatz des Instruments zur Verfügung, beziehungsweise ob der Aufbau der Kapazitäten zu bewerkstelligen ist. Es geht hierbei sowohl um das Vorhandensein von Kompetenzen als auch um den reinen Arbeitsumfang.[114] Ein weiterer, weniger offensichtlicher Aspekt ist die Tatsache, dass durch die Einführung neuer Instrumente die Controlling-Landschaft des Unternehmens zunehmend komplexer wird. Ein Überangebot an zur Verfügung stehenden Instrumenten kann dabei zu mehr Konfusion als Nutzen für das Beschaffungsmanagement führen.

Zusammenfassend ist bei der Gestaltung des Beschaffungscontrolling-Instrumentariums zu beachten, dass es nicht auf die bloße Anzahl, sondern auf den Richtigen und richtig abgestimmten Einsatz der Instrumente ankommt.[115] Um diesen in der Praxis zu gewährleisten gilt es allerdings in der Wissenschaft noch große Erkenntnislücken zu beseitigen.[116]

Eine Einteilung der Beschaffungscontrolling-Instrumente kann nach verschiedenen Gesichtspunkten erfolgen. Aufgrund der teilweise beträchtlichen Unterschiede der vorhandenen Instrumente und ihrer situativen Ausgestaltung fällt eine Klassifikation jedoch

---

[109] Vgl. Tschandl/Schentler (2010), S. 41.
[110] Vgl. Abschnitt 3.1
[111] Vgl. Baier(2002), S. 70.
[112] Vgl. Schachner/Speckbacher/Wentges (2006), S. 603.
[113] Vgl. Wagner/Weber (2007a), S. 37.
[114] Vgl. Wagner/Weber (2007a), S. 37.
[115] Vgl. Wagner/Weber (2007a), S. 52.
[116] Vgl. Piontek (2004), S. 46.

schwer und wird in der Literatur äußerst unterschiedlich vorgenommen.[117] So wird von Piontek eine Trennlinie zwischen strategischen und operativen Instrumenten gezogen.[118] Auch Jung folgt dieser Form der Klassifizierung.[119] Strategische Beschaffungscontrolling-Instrumente sind demnach solche, die dem strategischen Beschaffungscontrolling Informationsquellen für die Früherkennung von in der Zukunft liegenden Wachstumsengpässen erschließen und bei deren Beseitigung unterstützen. Somit soll durch strategische Instrumente die Überlebenschance der Unternehmung im Wettbewerb gesteigert und gesichert werden.[120] Unter die Kategorie der strategischen Beschaffungscontrolling-Instrumente fallen nach Jung etwa das Lieferanten-Einkäufer-Marktmacht-Portfolio sowie die Ermittlung der Strategischen Versorgungslücke.[121] Operative Controlling-Instrumente dienen nach Piontek hingegen der Erforschung und der Beseitigung von Erfolgsengpässen, der Gewinnoptimierung, der Umwandlung der strategischen in die operative Planung und dem Soll-Ist Vergleich, also der aktiven Gewinnsteuerung.[122] Jung ordnet die Materialbedarfsanalyse sowie die Materialstrukturanalyse dem operativen Controlling-Instrumentarium zu.[123] Auch Beschaffungskennzahlen fallen unter diese Kategorie.[124] Laut Piontek existieren auch Controlling-Instrumente die sowohl im strategischen als auch im operativen Bereich Anwendung finden. Als Beispiel hierfür zieht er die Budgetierung heran.

Eine andere Kategorisierung erfolgt anhand des Wirkungsbereiches, wobei eine weitere Untergliederung in strategische und operative Beschaffungscontrolling-Instrumente beibehalten wird.[125] Bei dieser Form der Kategorisierung lassen sich drei Gruppen von Instrumenten in der Beschaffung unterscheiden. Die erste Gruppe bilden solche Instrumente, die primär auf das beschaffende Unternehmen ausgerichtet sind. Dabei werden die Daten überwiegend im eigenen Unternehmen erhoben, ausgewertet und beurteilt.[126] Hierunter fallen etwa die ABC-Analyse, das Preis-Benchmarking und die Materialpreisveränderungsrechnung. Die zweite Gruppe setzt sich mit der Schnittstelle zum Lieferanten auseinander. Das bedeutet, das Daten beim oder gemeinsam mit dem Lieferanten erhoben und ausgewertet werden. Als Vertreter dieser Gruppe können die Lieferantenbewertung, Zielvereinbarungen mit den Lieferanten sowie der Soll/Ist Vergleich mit den vereinbarten Zielen genannt werden. Die

---

[117] Vgl. Kaluza (2010), S. 59. Mitunter erscheint die Darstellung der Controlling-Instrumentarien sogar wahllos. Vgl. Sievers (2009), S. 81.
[118] Vgl. Piontek (2004), S. 27.
[119] Vgl. Jung (2011), S. 467-488.
[120] Vgl. Piontek (2004), S. 23.
[121] Vgl. Jung (2011), S. 469-470.
[122] Vgl. Piontek (2004), S. 23.
[123] Vgl. Jung (2004), S. 474-475.
[124] Vgl. Kaluza (2010), S. 59.
[125] Vgl. Wagner/Weber (2007a), S. 31-36.
[126] Vgl. Wagner/Weber (2007a), S. 32.

dritte Gruppe der Beschaffungscontrolling-Instrumente befasst sich mit einem größeren Abschnitt der Supply-Chain. Sie sind also nicht nur auf die Abnehmer-Lieferanten-Beziehung beschränkt. Damit sind nicht nur zwei sondern mehrere Unternehmen in die Controlling-Aktivitäten involviert.[127] Hierunter fallen etwa Supply-Chain-Kennzahlen, das Supply-Chain Benchmarking, sowie das Supply-Chain-Costing.

Zusammenfassend lässt sich festhalten, dass unter den Instrumenten des Beschaffungscontrollings alle betriebswirtschaftlichen Methoden, Techniken und Verfahren zu subsumieren sind, die der Unterstützung der Funktionen des Beschaffungscontrollings dienen. Zu diesem Zweck werden die Instrumente, die auch im allgemeinen Unternehmenscontrolling Anwendung finden den beschaffungsspezifischen Anforderungen angepasst, aber zum Teil auch direkt übernommen. Einen Überblick über die verschiedenen Konzeptionen des Beschaffungscontrollings, den angestrebten Funktionen sowie der instrumentalen Ausgestaltung veranschaulicht die folgende Tabelle.

---

[127] Vgl. Wagner/Weber (2007a), S. 32.

Autoren	Begriff	Funktionale Dimension	Instrumentale Dimension
Arnold [Beschaffungs- Management 1997]	Beschaffungscontrolling ist ein System von Führungshilfen, das durch die Bereitstellung von Methoden und Informationen die Koordinations-, Adaptions-, Reaktions- und Innovationsfähigkeit sichern hilft	Informationsversorgung als zentrale Funktion, Unterstützung der Beschaffungsplanung, -kontrolle und -organisation	Enumerative Aufzählung, wie Wert-, ABC-, Produktlebenszyklus- und Erfahrungskurvenanalyse, Kennzahlensysteme
Bornemann [Controlling im Einkauf 1987]	Beschaffungscontrolling hat die Planung, Analyse und Berichterstattung in der Beschaffung so einzusetzen, dass der Materialeinsatz optimiert wird	Analyse, Berichterstattung und Planung	Enumerative Aufzählung, wie ABC-, Wert- und Lieferantenanalyse; Kennzahlensysteme: Schwerpunkt operative Instrumente
Friedl [Beschaffungs- controlling 1990]	„die Gesamtheit der Aufgaben, die die Koordination der bereichsinternen Beschaffungsführung sowie die Sicherstellung ihrer Informationsversorgung zur optimalen Erreichung der Beschaffungsziele zum Gegenstand hat"	Systemgestaltende und prozessunterstützende sowie strategische und taktisch- operative Funktionen	Methoden und Modelle, u.a. Portfolio-, Wert- und ABC-Analyse; Lieferantenaudit, -bewertung, -förderung und -kontrolle
Küpper [Beschaffungs- controlling 1997]	Beschaffungscontrolling ist ein „Teilbereich des Controllings für alle Controlling-Aufgaben bei der Bereitstellung (Beschaffung) von Einsatzgütern oder (Produktions-) Faktoren von Unternehmungen"	Strategische und operative Funktionen, Koordination des Beschaffungsbereichs, Servicefunktion	Beschaffungskoordinationsinstrumente; Instrumente zur Planung Kontrolle und Information zur Steuerung des Beschaffungsbereichs
Piontek [Beschaffungs- controlling 2004]	„Strategisches Beschaffungscontrolling bedeutet, dass systematisch zukünftige Chancen und Risiken auf dem Beschaffungsmarkt und seinem Umfeld erkannt und beobachtet werden"	Strategische Funktionen; operative Funktionen, wie Planungs-, Kontroll-, Informations- und Koordinationsfunktion	40 Controlling-Instrumente, z.B. Frühwarnsysteme, Portfolio- und ABC-Analysen, Target Costing, Balanced Scorecard
Reinschmidt [Beschaffungs- controlling mit Kennzahlen 1989]	„führungsunterstützendes funktionales und institutionales Subsystem der Unternehmensführung, das zur erfolgsorientierten und rationalen Sicherung der Koordinationsfähigkeit der Beschaffungsführung die Aufgaben des Beschaffungs-Planungs und – Kontroll-Service sowie der Beschaffungsinformationsversorgung wahrnimmt."	Systembildende und systemkoppelnde Funktionen des Beschaffungs-Planungs- und Kontroll-Service sowie der Beschaffungsinformations- versorgung	Konzentration auf Kennzahlensysteme

Tabelle 2: Vergleich ausgewählter Konzeptionen des Beschaffungscontrollings.[128]

---

[128] Vgl. Kaluza (2010), S. 55.

3. Beschaffungscontrolling - Betrachtung aus funktionaler und instrumentaler Perspektive

3.1 Einflussfaktoren auf das Beschaffungscontrolling

3.1.1 Unternehmensinterne Einflussfaktoren

Ein Unternehmen kann, wie bereits dargestellt, als ein offenes, künstliches System betrachtet werden, dass dadurch charakterisiert wird, dass es im Rahmen volkswirtschaftlicher Arbeitsteilung Güter und Leistungen für den Drittbedarf erzeugt. Dieser Prozess spiegelt sich in den drei leistungswirtschaftlichen Grundfunktionen Beschaffung, Produktion und Absatz wieder.[129] Auf das „System" Unternehmen und damit auch die Beschaffung wirken während des Leistungserstellungsprozesses verschiedene Einflussgrößen. Da es sich beim Unternehmen um ein offenes System handelt, stammen diese Einflüsse nicht nur aus innerbetrieblichen, sondern auch aus außerbetrieblichen Quellen. Dementsprechend muss zwischen inner- und außerbetrieblichen Einflussgrößen differenziert werden.

Eine wesentliche unternehmensinterne Einflussgröße auf das Beschaffungscontrolling und somit auch dessen funktionaler sowie instrumentaler Ausgestaltung stellt die *Organisation des Beschaffungsbereichs* dar. Als Merkmale der Beschaffungsorganisation können sowohl der Zentralisationsgrad als auch die Einordnung der Beschaffung in die Unternehmenshierarchie angesehen werden. Der Zentralisationsgrad der Beschaffungsorganisation beschreibt, inwieweit die Funktionen der Beschaffung in einem Kompetenzzentrum zusammengefasst oder den einzelnen Bedarfsträgern im Unternehmen zugeordnet sind.[130] Die hierarchische Einordnung hingegen beschreibt die Zuständigkeiten für die anfallenden Beschaffungsaufgaben. Sie bestimmt das Ausmaß, in dem die Beschaffungsführung an beschaffungsbezogenen Entscheidungen der Unternehmensführung beteiligt ist.[131]

Eine zweite, wesentliche unternehmensinterne Einflussgröße auf das Beschaffungscontrolling stellt das *Leistungsprogramm des Unternehmens* dar. Unter dem Leistungsprogramm wird dabei die Art und die Menge der in einem Planungszeitraum zu produzierenden End- und Zwischenprodukte verstanden.[132] Für die Beschaffung sind insbesondere zwei Aspekte des Leistungsprogramms relevant: Die Homogenität der Produkte, sowie die Programmtiefe. Die Homogenität oder Gleichartigkeit ist dabei als die Eigenschaft der Beschaffungsobjekte zu

---

[129] Vgl. Tschandl/Schentler (2008), S. 7.
[130] Vgl. Friedl (1990), S. 112.
[131] Vgl. Friedl (1990), S. 113.
[132] Vgl. Friedl (1990), S. 113.

verstehen, in mehreren Enderzeugnissen verarbeitet werden zu können. Durch eine hohe Produkthomogenität des Leistungsprogramms wird die Anzahl der zu beschaffenden Güter reduziert. Dies kann als wünschenswert angesehen werden, denn eine hohe Produkthomogenität reduziert zum einen den Beschaffungsaufwand[133] und, zum anderen können durch höhere Stückzahlen positive Skaleneffekte erzeugt werden. Die Programmtiefe als weitere relevante Größe des Leistungsprogramms, beschreibt in welchem Umfang Baugruppen und einzelne Teile, aus denen ein Endprodukt besteht, in der eigenen Unternehmung hergestellt oder zugeliefert werden.

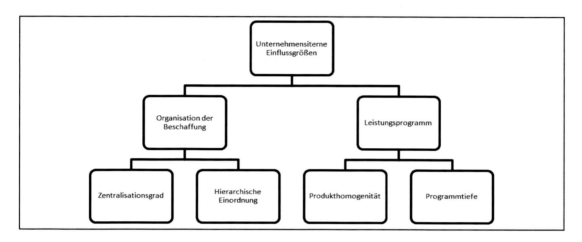

Abbildung 3: Unternehmensinterne Einflussfaktoren.

3.1.2 Unternehmensexterne Einflussfaktoren

Eine wesentliche unternehmensexterne Einflussgröße auf das Beschaffungscontrolling ist die *Situation der beschaffungsrelevanten Unternehmensumwelt.* Diese wird durch mittelbare sowie unmittelbare beschaffungsrelevante Einflussgrößen verändert. Unmittelbare, unternehmensexterne Einflussgrößen führen direkt zu bestimmten Zuständen beziehungsweise Veränderungen auf den Beschaffungsmärkten. Mittelbar beschaffungsrelevante Einflussgrößen beeinflussen zunächst andere Funktionsbereiche einer Unternehmung und wirken erst dann auf den Beschaffungsbereich. Der Begriff des Beschaffungsmarktes umfasst dabei nicht nur den Markt, auf dem eine Unternehmung direkt als Nachfrager auftritt (Eigenmarkt), sondern auch die Beschaffungsmärkte der Lieferanten (Vormärkte).[134] Die Bedingungen auf den Beschaffungsmärkten werden durch eine Vielzahl

---

[133] Dies sind vor allem durch den Beschaffungsprozess verursachte Aufwendungen. So wird durch eine hohe Produkthomogenität zumeist die Anzahl der Lieferanten beschränkt, wodurch das Lieferantenmanagement wesentlich vereinfacht wird.
[134] Vgl. Hamann/Lohrberg (1986), S. 75.

von Parametern beeinflusst. Diese lassen sich in globale Faktoren sowie beschaffungsmarktbezogen Faktoren untergliedern. Als globale Faktoren sind dabei die folgenden zu nennen:[135]

- Technologisches Umfeld
- Sozio-kulturelles Umfeld
- Politisch-rechtliches-Umfeld
- Makroökonomisches Umfeld
- Ökologisches Umfeld

Als beschaffungsmarktbezogene Faktoren lassen sich ausmachen:

- Neue Anbieter
- Vorlieferanten
- Konkurrenten auf dem Beschaffungsmarkt
- Substitutionsprodukte

Als konkrete Beispiele für unmittelbar relevante Einflussfaktoren auf die Beschaffungsmärkte können etwa Schwankungen in den Rohstoffpreisen, das Eintreten neuer Beschaffungskonkurrenten oder das Auftreten neuer Lieferanten angeführt werden. Gerade die Volatilität der Rohstoffpreise bereitet den Beschaffungsmanagern durch die daraus resultierenden Planungsunsicherheiten zunehmende Probleme. Es ist ersichtlich, dass die oben genannten globalen beschaffungsrelevanten Faktoren gleichzeitig als unmittelbare als auch mittelbar beschaffungsrelevante Einflussgrößen anzusehen sind. So führt eine Rezession (makroökonomisches Umfeld) zu einem Rückgang des Konsums. Dieser wiederrum wirkt sich auf den Absatz aus, was letztlich über die Rückkopplung der betrieblichen Wertschöpfungskette zu einer Reduzierung des Beschaffungsvolumens führt. Gleichzeitig kann die Rezession dazu führen, dass Wettbewerber aufgrund des verminderten Absatzes ihre Geschäftstätigkeit beenden müssen.

Als weitere unternehmensexterne Einflussgröße auf das Beschaffungscontrolling lässt sich die *Struktur des Beschaffungsmarkts* ausmachen. Die Marktstruktur ist durch das Marktseitenverhältnis auf der einen, sowie die Marktform auf der anderen Seite gekennzeichnet. Das Marktseitenverhältnis beschreibt die Beziehungen zwischen den Anbietern und den Nachfragern auf dem relevanten Beschaffungsmarkt. Es gibt an, inwieweit

---

[135] Vgl. Schreyögg (1993), S. 4233.

ein Marktteilnehmer seine Marktpartner individuell oder nur im Kollektiv wahrnimmt. Dabei können drei Ausprägungen voneinander unterschieden werden.[136]

1. Die Kollektive Betrachtung der Nachfrager durch die Anbieter
2. Die Kollektive Betrachtung der Anbieter durch die Nachfrager
3. Die gegenseitige singuläre Betrachtung der Marktpartner

Die Marktform hingegen beschreibt die Konkurrenzsituation auf dem Gesamtmarkt- oder einzelnen Teilmärkten. In der Marktform spiegeln sich die Machtverhältnisse zwischen Anbietern und Nachfragern wieder.[137] Da die Kombination der genannten Einflussgrößen unternehmensspezifisch ist, trifft dies auch für die Ausgestaltung des Beschaffungscontrollings zu.[138]

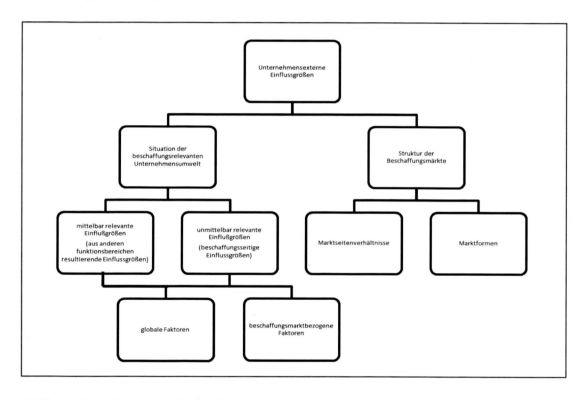

Abbildung 4: Unternehmensexterne Einflussfaktoren.

---

[136] Vgl. Brink/Seidel (1990), S. 193. Für das beschaffende Unternehmen ist es stets wünschenswert individuell wahrgenommen zu werden, um die Beschaffungsziele besser am Markt durchsetzen zu können. Auch steigert dies die Chancen für strategische Beschaffungskooperationen.

[137] Als Extremformen der Machtverhältnisse auf den Beschaffungsmärkten sind das Angebots- bzw. Nachfragemonopol sowie das Polypol anzusehen. Als wünschenswert aus Sicht des beschaffenden Unternehmens ist die größtmögliche Marktmacht und damit die Etablierung eines Nachfragemonopols mit möglichst vielen potentiellen Anbietern.

[138] Dies kann als ein Hauptgrund für die heterogene Darstellung des Beschaffungscontrollings in der Literatur angesehen werden.

3.2 Die funktionale Dimension des Beschaffungscontrollings

Die im Folgenden aufgezeigten Funktionen des Beschaffungscontrollings sind, bedingt durch die unterschiedlichen unternehmensinternen und - externen Einflussfaktoren, durch eine stark situations- und unternehmensspezifische Ausgestaltung geprägt. Deshalb wird es in diesem Zusammenhang vermieden, eine Vielzahl einzelner Funktionen aufzuzählen. Es soll vielmehr eine Betrachtung der grundsätzlichen Funktionen des Beschaffungscontrollings erfolgen, aus denen unternehmensspezifische Teilfunktionen abgeleitet werden können. Dabei dürfen die Funktionen nicht separiert betrachtet werden, da zwischen ihnen eine Vielzahl von Wechselwirkungen und Überlappungen bestehen.[139] Die durch das Beschaffungscontrolling, respektive die Beschaffungscontrolling-Konzeption, verfolgten direkten und indirekten Ziele können nur erreicht werden, wenn die einzelnen Funktionen ineinandergreifen. Ein häufig verwendetes Modell zur Darstellung der funktionalen Zusammenhänge ist der Controlling Kreislauf.[140]

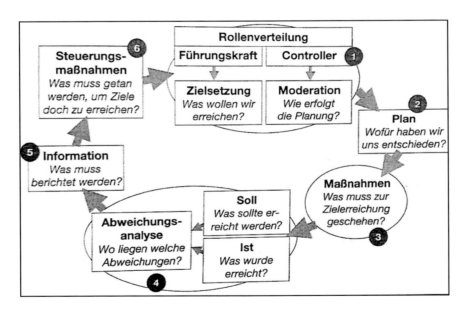

Abbildung 5: Der Regelkreis des Beschaffungscontrollings.[141]

Im Rahmen der *Planung (1-3)* werden Beschaffungsziele, -strategien und operative Maßnahmen festgelegt und kommuniziert. Es werden also Beschaffungs-Sollgrößen sowie

---

[139] Vgl. Peemöller (2005), S. 57.
[140] Der hier dargestellte Controlling-Kreislauf ist nur eine Möglichkeit die vier Kernfunktionen des Beschaffungscontrollings in einen logischen Zusammenhang zu setzen. So ist es ersichtlich, dass Steuerungsmaßnahmen sowohl nach der Planung, als auch im Anschluss an die Kontrolle zu erfolgen haben. Auch die Informationsfunktion ist als kontinuierlicher Vorgang anzusehen die nicht exakt in den Controlling-Kreislauf einzuordnen ist und nahezu durchgängig zum Tragen kommt.
[141] Vgl. Tschandl/Schentler (2010), S. 33; Tschandl/Schentler (2008), S. 15.

das zu ihrer Erreichung einzusetzende Maßnahmenbündel festgelegt. Dieses Maßnahmenbündel orientiert sich an den festgesetzten Strategien. Nach der Durchführung der Beschaffungsmaßnahmen erfolgt eine *Kontrolle (4)* der Ergebnisse in Form einer Abweichungsanalyse von der Sollgröße. Die Kontrolle umfasst dabei sowohl Erfolgs-, Umsetzungs-, als auch Prämissenkontrollen. Dadurch werden *Informationen (5)* generiert, welche im Rahmen der *Steuerung (6)* dazu dienen etwaig bestehende Abweichung durch Anpassungsvorgänge zu korrigieren. Die Anpassungsvorgänge können sowohl Ziele, Strategien als auch einzelne Maßnahmen betreffen und gehen in die neuerliche Planerstellung ein.

3.2.1 Informationsversorgung der Beschaffungsführung

Die Informationsfunktion des Beschaffungscontrollings besteht darin, die Entwicklungen, die Einflüsse und die Ergebnisse des Beschaffungsbereichs so darzustellen, das durch die Beschaffungsführung Konsequenzen gezogen und erforderliche Maßnahmen zur Zielerreichung eingeleitet werden können.[142]

Information kann im Zusammenhang der Betriebswirtschaftslehre als „zweckorientiertes Wissen"[143] definiert werden. Die Informationsfunktion des Beschaffungscontrollings dient in erster Linie der Beschaffungsführung, um die Leistungen der Beschaffung beurteilen und gegebenenfalls Anpassungsnahmen initiieren zu können.[144] Darüber hinaus, dienen die bereitgestellten Informationen dem Beschaffungsbereich selbst. Er soll in die Lage versetzt werden, die eigene Leistungsfähigkeit einschätzen und gegenüber dem Management und anderen Anspruchsgruppen verteidigen zu können. Zum Zweck der Informationsversorgung ist ein Beschaffungsinformationssystem durch das Beschaffungscontrolling zu implementieren. Das Beschaffungscontrolling hat bei der Ausgestaltung und der Unterstützung des Beschaffungsinformationssystems dafür zu sorgen, dass alle entscheidungsrelevanten Informationen für die Beschaffungsführung bereitstehen.[145]

Das Beschaffungsinformationssystem besteht aus mehreren Komponenten. Den Kern des Systems bilden die eigentlichen Beschaffungsinformationen, welche bezüglich ihrer Art folgendermaßen unterteilt werden können.[146]

---

[142] Piontek (2004), S. 56.
[143] Vgl. Wittmann (1959), S. 14.
[144] Vgl. Piontek (2004), S. 55; Bornemann (1987), S. 64.
[145] Vgl. Kaluza (2010), S. 171.
[146] Vgl. Stangl (1988), S. 73.

- Informationen für die Bedarfsplanung,
- Informationen für die Ziel- und Strategieplanung,
- Informationen für die Marktforschungsplanung
- Informationen für die Planung des Märkte- und Lieferantenportfolios,
- Informationen für die Instrumentalplanung,
- Informationen für die Kontrollplanung.

Das Beschaffungsinformationssystem bietet dabei Funktionen an, die der Gewinnung, der Speicherung, der Verarbeitung und der Übermittlung der Beschaffungsinformationen im Rahmen des Informationsversorgungsprozesses dienen. Außerdem stellt es Methoden und Modelle zur Verfügung, die die genannten Funktionen unterstützen. Das Informationssystem besitzt dabei klar definierte Regelungen, welche die einzelnen Systemelemente und die zwischen ihnen bestehenden Beziehungen steuern. Dies soll eine reibungsfreie Informationsversorgung sicherstellen. Um eine umfassende Informationsversorgung der Beschaffungsführung zu gewährleisten, werden nicht nur interne Informationen, die aus dem betrieblichen Rechnungswesen gewonnen werden, sondern auch Daten aus dem Umfeld des Unternehmens generiert.

Unter den Daten aus dem Unternehmensumfeld sind insbesondere die für die Beschaffungsentscheidungen relevanten Informationen der Beschaffungsmärkte zu verstehen.[147] Diese beinhalten etwa Lieferanteninformationen über die Preise und Konditionen aktueller und potentieller Lieferanten, sowie die von den Lieferanten angebotene Qualität. Außerdem müssen produktspezifische Informationen bereitgestellt werden, welche sowohl technische Eigenschaften der Beschaffungsobjekte beschreiben als auch die Möglichkeit zur Beziehung von Substitutionsprodukten beinhalten. Des Weiteren muss über die Marktstruktur informiert werden. Es gilt dabei die Wettbewerbssituation beziehungsweise Angebots- und Nachfragestruktur aufzuzeigen.[148]

Bei den relevanten unternehmensintern gewonnenen Daten handelt es sich in erster Linie um Informationen aus den Funktionsbereichen der Produktion, dem Vertrieb und der Beschaffung selbst. Zwischen diesen besteht im Rahmen der unternehmerischen Wertschöpfungskette eine direkte Wechselwirkung. Zunehmend relevant sind auch Informationen aus anderen Funktionsbereichen wie etwa der F&E um die Beschaffung besser mit den anderen betrieblichen Funktionen verknüpfen zu können. Das Beschaffungscontrolling hat des

---

[147] Vgl. Reichmann (2006), S. 250.
[148] Vgl. Friedl (1990), S. 92.

Weiteren Informationen über unternehmensinterne und unternehmensexterne Beschaffungsprozesse bereitzustellen.[149]

Im Rahmen der Informationsfunktion geht es nicht darum, möglichst viele Informationen zu generieren. Vielmehr sollen der Beschaffungsführung Informationen zielgerichtet, aktuell, genau, und komprimiert vorgelegt werden[150], um eine schnelle Reaktions- und Adaptionsfähigkeit der Beschaffungsführung gewährleisten zu können. Den bereitgestellten Informationen kann nur dann eine Unterstützungsfunktion der Beschaffungsführung attestiert werden, wenn sie dem Informationsbedarf der Beschaffungsführung entsprechen. Der Informationsbedarf umfasst die Art, die Menge, und die Beschaffenheit der Information, die die Beschaffungsführung benötigt, um die Beschaffungsziele optimal erreichen zu können. In der Praxis ist es jedoch nur schwer möglich, den konkreten Informationsbedarf zu ermitteln.[151] Dies ist damit zu begründen, dass zwischen subjektiven und objektiven Informationsbedarf differenziert werden muss.

Als subjektiver Informationsbedarf wird der Informationsbedarf bezeichnet, den ein Funktionsträger für notwendig erachtet, um seine Aufgaben erledigen zu können. Als objektiv wird der Informationsbedarf hingegen dann bezeichnet, wenn er im sachlichen Zusammenhang zu den jeweiligen Beschaffungsproblemen steht. In der Praxis fallen subjektiver und objektiver Informationsbedarf zumeist auseinander, wodurch Entscheidungsprobleme und Konflikte ausgelöst werden können. Als Gegenpol zum Informationsbedarf ist das Informationsangebot zu verstehen. Das Informationsangebot ergibt sich aus den zur Verfügung stehenden betriebswirtschaftlichen Daten. Spezifischere Daten können aus diesem durch den Einsatz von speziellen Auswertungsverfahren, zu denen auch die Controlling-Instrumentarien gehören, abstrahiert werden. Dem Beschaffungscontrolling kommt dabei die Aufgabe zu, durch die Auswahl der Beschaffungscontrolling-Instrumentarien sowohl das qualitative als auch das quantitative Informationsangebot festzulegen. Dieser Vorgang kann als Implementierung des Beschaffungsinformationssystems bezeichnet werden. Die Festlegung des Informationsangebots erfolgt dabei mit dem Ziel, das Informationsangebot mit der Informationsnachfrage zu harmonisieren.

---

[149] Vgl. Kaufmann/Thiel/Becker (2005), S. 6. Vgl. mit dem dargestellten Beschaffungsprozess in Abschnitt 2.2.
[150] Vgl. Piontek (2012), S. 53.
[151] Vgl. Kaluza (2010), S. 171.

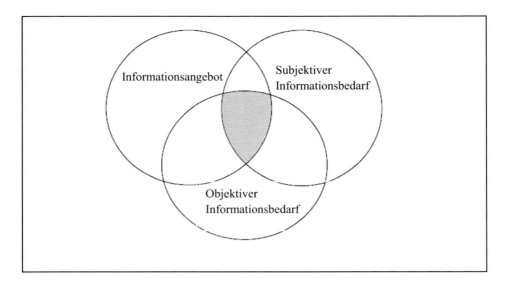

Abbildung 6: Zusammenspiel von Informationsangebot und –bedarf. [152]

Ein wichtiger Aspekt der Harmonisierung ist neben der Bereitstellung angemessener Informationsinhalte auch die zielgerichtete Zuteilung der relevanten Informationen. Dabei sollte jede Stelle der Beschaffungsführung lediglich solche Informationen erhalten, die für sie entscheidungsrelevant sind. Die notwendigen Informationen sind anschaulich darzustellen, um sie für die Entscheidungsträger schnell verständlich zu machen. Die Qualität des implementierten Beschaffungsinformationssystems wird danach beurteilt, wie gut es gelingt, den im Beschaffungsprozess auftretenden Informationsbedarf zu bedienen, also Informationsangebot und Informationsnachfrage zu harmonisieren. Dazu sind relevante Informationen im Rahmen des Informationsversorgungsprozesses zu erfassen, zu verarbeiten und zu dokumentieren.[153]

Die Datenversorgung des Beschaffungsinformationssystems erfolgt zumeist aus den bestehenden ERP Systemen. Dies ist eine in nahezu allen Großunternehmen zur Anwendung kommende Anwendungssoftware, die die Ressourcenplanung eines Unternehmens unterstützen soll. Ihre bekanntesten Vertreter sind die Systeme von SAP und Oracle. Fehlende Informationen können durch eine manuell durchgeführte Datenerfassung ergänzt werden. Aus den gewonnenen Daten werden beschaffungsrelevante Daten mit Hilfe der Controlling-Instrumentarien extrahiert, aggregiert und ausgewertet. Es können Kennahlen berechnet, sowie Ziele, Strategien und Maßnahmen abgeleitet werden.

---

[152] Vgl. Baier (2008), S. 98.
[153] Vgl. Kaluza (2010), S. 172.

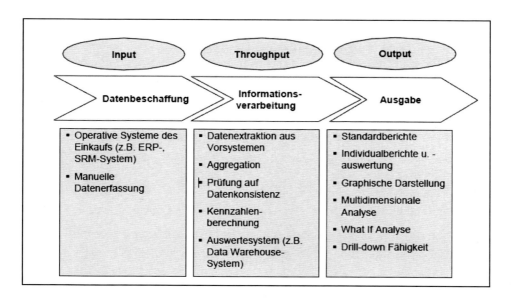

Abbildung 7: Der Informationsversorgungsprozess.[154]

Zum Zweck der Informationsdokumentation werden Berichte erstellt. Das Beschaffungscontrolling nimmt wesentlichen Einfluss auf deren Ausgestaltung. Grundsätzlich lassen sich die Berichte je nach Ziel und Anforderungen in Form von Texten, Tabellen, Schaubildern und Kennzahlen abfassen. Die darin enthaltenen Informationen sollten dabei auf Daten beschränkt sein, die einen wichtigen Einfluss auf die Entwicklungen bis zum jeweiligen Berichtszeitpunkt hatten und auf die zukünftige Entwicklung haben werden. Eine Standardisierung der Berichte sollte durch das Beschaffungscontrolling unterstützt werden. Durch standardisierte Berichte wird sowohl ihre Verständlichkeit als auch ihre Erstellung vereinfacht. Die Berichterstattung dient dabei nicht der Entscheidungsfindung im laufenden Geschäftsjahr sondern außerdem als Grundlage für Zielvorgaben bei der nächsten Planerstellung.[155] Die Berichte sollten auch Informationen über besondere, wichtige Vorkommnisse enthalten. Darunter fallen etwa Terminschwierigkeiten von Lieferanten, Qualitätsmängel beim gelieferten Material oder Lieferausfälle.[156]

Abschließend können folgende Kernfunktionen des Beschaffungscontrollings im Rahmen der Informationsversorgung ausgemacht werden:[157]

- Ermitteln des Informationsbedarfes
- Festlegen des qualitativen und quantitativen Informationsangebotes
- Harmonisierung von Informationsnachfrage und Informationsangebot

---

[154] Vgl. Espich (2003), S. 42.
[155] Vgl. Piontek (2004), S. 55.
[156] Vgl. Friedl (1990), S. 183.
[157] Vgl. Kaluza (2010), S.174.

- Erarbeiten von Methoden und Instrumenten zur Informationsverarbeitung
- Aufbau und Pflege von Systemen der Informationsverarbeitung
- Regelmäßige Überwachung und Anpassung von Informationsbedarf und Angebot
- Festlegen von Informationsterminen, -empfängern, -darstellungen, und -wegen
- Abstimmen von Richtlinien zur Informationsanforderungen

Dazu ist es notwendig ein Berichtswesen mit entsprechenden Kennzahlen zu implementieren, dass Funktionen der Beschaffungsmarktforschung, Beschaffungsfrüherkennung, Beschaffungs- Kosten und Leistungsrechnung und der Lieferantenbewertung unterstützt.[158] Die Informationsversorgung des Beschaffungsmanagements durch das Beschaffungscontrolling soll das Beschaffungsmanagement also zumindest potentiell in die Lage versetzen, alle relevanten Führungsentscheidungen zielgerichtet treffen zu können.

3.2.2 Unterstützung der Beschaffungsplanung

Unter der Beschaffungsplanung ist ein geordneter informationsverarbeitender Prozess zur Erstellung eines Konzepts zu verstehen, der beschaffungsbezogene Größen zur Erreichung der Unternehmungs- und Beschaffungsziele vorausschauend festlegt.[159]

Im Rahmen der Beschaffungsplanung hat das Beschaffungscontrolling eine Vielzahl an Unterstützungsfunktionen für das Beschaffungsmanagement zu erbringen. Die Unterstützung der Beschaffungsführung beginnt dabei bereits während der Zielsystemplanung. Planung ist ein vorausschauender Prozess, in dessen Rahmen Ziele und Strategien erarbeitet werden. Im Anschluss an die Ziel- und Strategieplanung erfolgt die konkrete Maßnahmenplanung und Implementierung. Während des Planungsprozesses muss das Beschaffungscontrolling eine Koordination der Führungshandlungen gewährleisten.[160] Dies betrifft sowohl die inhaltliche, sachliche als auch zeitliche Ebene. Des Weiteren hat das Beschaffungscontrolling formale Richtlinien zur Vorgehensweise während des Ziel-, Strategie- und Maßnahmenbildungsprozesses festzulegen.

Um einen Beschaffungsplan erfolgreich erstellen zu können, ist es zunächst notwendig, die Ausgangssituation der Beschaffung zu erfassen und zu bewerten. Ausgehend von der ermittelten Ist-Situation gilt es, Verbesserungspotentiale zu identifizieren. Schwachpunkte sollen nach Möglichkeit eliminiert und Stärken weiter ausgebaut werden, wozu Beschaffungsziele erarbeitet werden. Im Rahmen der Zielplanung entsteht das

---

[158] Vgl. Piontek (2012), S.53.
[159] Friedl (1990), S. 69.
[160] Vgl. Friedl (1990), S. 140.

Beschaffungszielsystem.[161] Der Zielbildungsprozess kann folgendermaßen unterteilt werden:[162]

1. Zielsuche
2. Zielpräzisierung und – operationalisierung
3. Zielstrukturierung
4. Realisierbarkeitsprüfung
5. Zielentscheidung

Die *Zielsuche* erfolgt auf Grundlage der beschaffungsrelevanten Daten, die das Beschaffungscontrolling zu erfassen und bereitzustellen hat.[163] Im Rahmen der Zielsuche hat das Beschaffungscontrolling die Beschaffungsführung bei der Auswahl der Planungsmethoden zu unterstützen. Die entstandenen Zielvorschläge gilt es zu dokumentieren.

Während der *Zielpräzisierung* hat das Beschaffungscontrolling die Funktion, Unverträglichkeiten in Bezug auf Zeit, Inhalt oder Ausmaß zwischen einzelnen Teil- beziehungsweise übergeordneten Zielen festzustellen und diese an die Beschaffungsführung weiterzuleiten. Dabei müssen Anpassungserfordernisse soweit wie möglich zu präzisiert werden. Im Rahmen der *Operationalisierung* der Beschaffungsziele ist es die Funktion des Beschaffungscontrollings, die Auswahl der Zielmaßstäbe zu unterstützen. So ist beispielsweise der Servicegrad ein geeigneter Indikator für die Messung der Lieferbereitschaft. Durch den jeweils ausgewählten Zielmaßstab werden sowohl der Informationsbedarf als auch die Beschaffungskontrolle maßgeblich beeinflusst, indem die relevanten Beschaffungsinformationen definiert werden, sowie ein Kontrollmaßstab festgelegt wird. Ziele, die nicht operationalisierbar sind, müssen vom Beschaffungscontrolling aufgedeckt und Vorschläge für deren Umformulierung erarbeiten werden.

Im Rahmen der *Zielstrukturierung* hat das Beschaffungscontrolling die Vollständigkeit und Ordnung des Zielsystems zu überwachen. Es muss analysiert werden, ob jedes Teilziel in das Beschaffungszielsystems hierarchisch exakt einzuordnen ist. Auch gilt es, Inkompatibilitäten auf den verschiedenen hierarchischen Stufen zu erkennen und der Beschaffungsführung mitzuteilen. Letztlich muss das Beschaffungscontrolling auch bei der Beseitigung der ermittelten Inkompatibilitäten Unterstützungsfunktionen anbieten.

---

[161] Vgl. mit der Darstellung des Zielsystems der Beschaffung in Abschnitt 2.2.
[162] Vgl. Friedl (1990), S. 140.
[163] Vgl. mit der Darstellung im Rahmen der Informationsfunktion in Abschnitt 3.2.1.

Im Rahmen der *Realisierbarkeitsprüfung* muss sichergestellt werden, dass die Ziele unter zielstrukturellen, wirtschaftlich-technischen und personellen Gegebenheiten erreichbar sind.[164] Stellt das Beschaffungscontrolling bei der Realisierbarkeitsprüfung Mängel fest, muss es die Beschaffungsführung darüber unterrichten und bei entsprechenden Anpassungsmaßnahmen unterstützen. Reichen Anpassungen alleine nicht aus, so muss zu einem neuen Planungs- und Zielerarbeitungsprozess angeregt werden.[165]

Sind im Rahmen der Planung mehrere Zielsysteme erarbeitet worden, so hat das Beschaffungscontrolling bei der Auswahl der optimalen Alternative, *der Zielentscheidung*, zu assistieren. Das festgelegte Zielsystem gilt es zu dokumentieren. Im Rahmen der Durchsetzung des Zielsystems hat das Beschaffungscontrolling die betroffenen Führungsinstanzen im Beschaffungsbereich über ihrer individuellen Ziele zu informieren und zu deren Umsetzung anzuregen.

Die festgesetzten Ziele müssen letztlich also mehrere Anforderungen erfüllen. Es muss sich um operationale Ziele handeln, d. h. das Ziel muss derart konkret ausgestaltet und messbar sein, dass zu jedem Kontrollzeitpunkt Aussagen über den Zielerreichungsgrad getroffen werden können. Des Weiteren ist eine Vereinbarkeit der Beschaffungsziele mit den Unternehmenszielen notwendig. Die Beschaffungsziele dürfen nicht im Widerspruch zu den Unternehmenszielen stehen oder diese gefährden. Außerdem müssen realistische Zielvorgaben getroffen werden, die die Entscheidungsträger anspornen. Die Verfügbaren Maßnahmen, Mittel und Personen müssen dabei im Rahmen der gegebenen Bedingungen eine Verwirklichung der Ziele erlauben. Nach Möglichkeit ist eine partizipative Zielformulierung anzustreben. Die Beschaffungsmitarbeiter sollten in die Zielfestlegung einbezogen werden, um sich mit den festgelegten Zielen identifizieren zu können. Auch die Implementierung eines Anreizsystems kann die Zielakzeptanz steigern.

Im Anschluss an die Zielfestlegung erfolgt der Prozess der Strategieplanung. Dieser kann in Analogie zum Prozess der Zielfestlegung betrachtet werden und wird in ähnlicher Weise durch das Beschaffungscontrolling begleitet. Ist die Ziel- sowie Strategieplanung abgeschlossen, müssen operative Maßnahmen festgelegt werden, um die Ziele entlang der festgesetzten Strategien umzusetzen. Dabei ist auch die Maßnahmenfestlegung als Prozess zu verstehen, den das Beschaffungscontrolling begleitet.

---

[164] Vgl. Friedl (1990), S. 144.
[165] Vgl. Kaluza (2010), S. 142.

Die Planungsparameter auf denen Ziel-, Strategie- und Maßnahmenfestlegung beruhen sind keinesfalls als konstant anzunehmen.[166] Die Planungsparameter müssen folglich kontinuierlich überwacht[167] und den veränderten Gegebenheiten angepasst werden.[168] Dies impliziert, dass es keinesfalls ausreicht, einen Plan zu erstellen und diesen umzusetzen. Vielmehr ist eine rollierende Planung in relativ kurzen Zeitabständen notwendig. In diesem Zusammenhang ist eine Funktion des Beschaffungscontrollings in der wiederkehrenden Initiierung des Ziel-, Strategie, und Maßnahmenbildungsprozesses zu sehen.[169] Dabei gilt es die Beschaffungsführung über eine notwendige Revision der Beschaffungsziele, -strategien und -maßnahmen zu unterrichten. Auch sind die Konsequenzen einer ausbleibenden Durchführung erneuter Planungstätigkeiten aufzuzeigen, um Motivation zur erneuten Planungsdurchführung zu erzeugen.

Zusammenfassend können folgende Hauptfunktionen des Beschaffungscontrollings im Rahmen der Beschaffungsplanung ausgemacht werden:[170]

- Unterstützung einer differenzierten Zielplanung
- Unterstützung bei der Festlegung der Beschaffungsstrategie
- Beschaffungsinterne Koordination der Planentwürfe
- Bereichsübergreifende Koordination der Planentwürfe
- Rechentechnische Durchführung der Planung
- Richtlinien zur Beschaffungsplanung
- Anregung zur Beschaffungsplanung

Die Unterstützung der Beschaffungsplanung durch das Beschaffungscontrolling soll das Beschaffungsmanagement dazu veranlassen die für das Unternehmen optimalen Beschaffungsziele, -strategien, und –maßnahmen festzulegen und umzusetzen.

---

[166] Vgl. Einflussgrößen auf das Beschaffungscontrolling in Abschnitt 3.1
[167] Vgl. Abschnitt 3.2.3.
[168] Vgl. Piontek (2004), S. 52.
[169] Vgl. Friedl (1990), S. 140.
[170] Vgl. Kaluza (2010), S. 142.

3.2.3 Unterstützung der Beschaffungskontrolle

Die Beschaffungskontrolle ist ein geordneter, laufender, informationsverarbeitender Prozess zur Ermittlung eingetretener beziehungsweise erwarteter Abweichungen durch die Gegenüberstellung zu prüfender Größen mit Normgrößen sowie zur Analyse dieser Abweichungen.[171]

Die Kontrollfunktion des Beschaffungscontrollings ist eng mit der Planungsfunktion verknüpft. Die Einhaltung sowie die rechtzeitige Anpassung von Plänen kann nur mit Hilfe von Kontrollen überprüft und gewährleistet werden. Die Beschaffungskontrolle kann dabei als eine Form der Überwachung angesehen werden. Sie umfasst den Vergleich eines zu überwachenden Wertes mit dem Vorgabewert einer Überwachungsgröße. Die Kontrolle dient der Identifikation und Analyse erwarteter oder realisierter Zielabweichungen einer Aktivität.[172] Es muss also zwischen einer Soll-Ist und einer Soll-Wird Kontrolle unterschieden werden. Die Soll-Ist Kontrolle ist einfacher durchzuführen, da sie auf bestehenden Daten beruht und dadurch mit geringeren Unsicherheiten behaftet ist. Zur Durchführung einer Soll-Wird Kontrolle ist es notwendig, die aktuellen Daten in die Zukunft zu extrapolieren. Dies kann etwa mit Methoden wie der Szenario-Technik oder verschiedenen Regressions-Methoden erreicht werden.[173] Die Kontrolle kann auf drei Ebenen ausgeführt werden.[174]

Die erste Ebene der Kontrolle bildet die Prämissenkontrolle. Während der Prämissenkontrolle wird überprüft, ob und inwieweit die Entscheidungsgrundlagen, die im Rahmen der Planung herangezogen worden sind, noch den aktuellen Gegebenheiten entsprechen. Es ist ersichtlich, dass Planung aufgrund falscher oder veränderter Daten nicht oder nur zufällig zum gewünschten Zustand führen kann und deshalb unterbleiben sollte.

Die zweite Ebene der Kontrolle ist die Umsetzungskontrolle. Sie soll aufzeigen, inwieweit die ausgearbeitete Strategie in die konkrete Maßnahmenformulierung eingegangen ist. Es wird also kontrolliert, ob die Maßnahmen strategiekonform formuliert sind und ob die Beschaffungsmitarbeiter diese in der Praxis richtig umsetzen.

Die dritte Ebene der Kontrolle misst die Erfolgswirkung der umgesetzten Maßnahmen. Dabei wird überprüft, ob die Maßnahmen zur Erreichung der Beschaffungsziele beitragen oder ob eine Maßnahmenanpassung zu erfolgen hat. Die drei Kontrollebenen unterscheiden sich

---

[171] Friedl (1990), S. 79.
[172] Vgl. Friedl (2003), S. 257.
[173] Vgl. Baier (2008), S. 200-223.
[174] Vgl. Kaluza (2010), S. 166-170.

hinsichtlich ihres Kontrollzeitpunktes. Während Prämissen- und Umsetzungskontrolle im Zuge der Realisation des Beschaffungsplanes erfolgen, kann die Erfolgskontrolle erst nach der Realisation des Beschaffungsplans stattfinden.[175] Auf allen drei Kontrollebenen verläuft der Kontrollprozess nahezu identisch. Er kann folgendermaßen unterteilt werden:[176]

1. Festlegung des Kontrollproblems
2. Feststellung der Abweichung
3. Abweichungsanalyse

Bei der *Festlegung des Kontrollproblems (1)* müssen zunächst die Kontrollobjekte ausgewählt werden. Außerdem müssen geeignete Kennzahlen definiert werden, um die Kontrollobjekte zu beschreiben und das Kontrollproblem zu operationalisieren. Im Anschluss daran gilt es, Kontrollstandards sowie Abweichungstoleranzen festzulegen. Die Kontrollstandards sollen dazu dienen, die Vergleichbarkeit zwischen einzelnen Kontrolldurchgängen zu erhöhen. Außerdem erleichtern sie die Durchführung und Auswertung der Kontrolle und vermindern so die Fehleranfälligkeit. Da bei jedem Kontrollvorgang Ungenauigkeiten zu erwarten sind, muss ein Toleranzbereich festgelegt werden, in welchem Abweichungen zu tolerieren sind und damit nicht zu einer weiteren, mit hohem Arbeitsaufwand verbundenen Abweichungsanalyse führen.

Die Feststellung einer Abweichung (2) kann nur auf der Grundlage zuvor gewonnener Daten erfolgen. Hierzu müssen vom Beschaffungscontrolling zunächst die relevanten Daten gewonnen und zur Verfügung gestellt werden. An dieser Stelle greifen Informations- und Kontrollfunktion des Beschaffungscontrollings unmittelbar ineinander. Im Rahmen der Feststellung der Abweichung muss überprüft werden, ob die ermittelten Daten innerhalb des festgelegten Toleranzbereiches liegen. Dazu werden Plan- und Vergleichsgrößen gegenübergestellt.

Liegen Abweichungen außerhalb der Toleranzen, so ist eine *Abweichungsanalyse (3)* vorzunehmen. Die Ursachen der vorliegenden Abweichung sollen durch die Abweichungsanalyse ermittelt werden. Im Anschluss an die Abweichungsanalyse muss erneut kontrolliert werden, ob die festgestellten Ursachen die ermittelten Abweichungen erklären. Nach dem eigentlichen Kontrollprozess hat das Beschaffungscontrolling die Ergebnisse der Abweichungsanalyse in einem Kontrollbericht zu dokumentieren und an die Beschaffungsführung zu übermitteln. Der Kontrollbericht sollte die Kernaussagen der Abweichungsanalyse einfach und anschaulich darstellen, um der Beschaffungsführung die

---

[175] Vgl. Friedl (1990), S. 81.
[176] Vgl. Friedl (1990), S. 180-183.

Initiierung von anpassenden Steuerungsmaßnahmen zu erleichtern. Liegen die Gründe für die Abweichung im Unternehmen selbst, so hat das Beschaffungscontrolling bei Einschätzungen über die Notwendigkeit von Anpassungsmaßnahmen zu assistieren. Werden Anpassungsmaßnahmen angeordnet, so gilt es Hilfestellung bei deren Umsetzung zu leisten.[177] Neben einer reinen Vergleichsfunktion beinhaltet die Kontrolle auch die Überwachung der Einhaltung gesetzlicher Regelungen sowie der Überprüfung der sach- und fachgerechten Umsetzung der Vorgaben der Beschaffungsführung.

Der Kontrollprozess in der Beschaffung bezieht sich zumeist auf zwei Kontrollgrößen: Die Kosten und die Leistungen der Beschaffung. Im Rahmen der Kostenkontrolle gilt es nicht ausschließlich die betragsmäßigen Kosten zu überwachen, sondern auch die durch die Beschaffung verursachte Kostenstruktur.[178] Ziel der Kostenkontrolle ist es zudem, Kostenreduzierungen und Kostenvermeidungen zu erfassen und zu analysieren. Kostenreduzierungen zeichnen sich dadurch aus, dass sie bei konstantem Beschaffungsvolumen zu Einsparungen führen. Sie können deshalb nur in Bezug auf bereits bestehende Beschaffungsbeziehungen realisiert werden. Kostenvermeidungen hingegen lassen sich als eine Erhöhung des Outputs bei gleichbleibendem Input charakterisieren.[179] So stellt etwa eine abgewehrte Preiserhöhung eines Lieferanten eine Kostenvermeidung dar. Beide Größen unterscheiden sich insbesondere durch ihre Erfolgswirksamkeit. Während Kostenreduzierungen erfolgswirksam sind, sind Kostenvermeidungen nicht im Unternehmensergebnis ablesbar.

Die Leistungskontrolle ist von großer Bedeutung, um die Leistungen des Beschaffungsbereichs mit anderen Abteilungen vergleichen und vor dem Top-Management verdeutlichen zu können. Auch die Anteilseigner haben Interesse daran, zu erfahren, was die Beschaffung leistet und mit ihrem eingesetzten Kapital bewerkstelligt. Die Beschaffungsleistung ist eine subjektive Größe, die sowohl von der Wettbewerbs- als auch Beschaffungsstrategie eines Unternehmens abhängig ist. Deshalb ist die Messung der Beschaffungsleistung nur äußerst schwer zu bewerkstelligen. Sie erfolgt zumeist anhand unternehmensspezifischer KPI-Systeme. Jedoch erfüllen die Auswahl und Kombination der eingesetzten Kennzahlen häufig nicht die Anforderungen eines ganzheitlichen KPI-Systems.[180]

---

[177] Vgl. Friedl (1990), S. 184. Vgl. dazu die in 3.2.4. beschriebene Steuerungsfunktion.
[178] Vgl. Piontek (2004), S. 54.
[179] Vgl. Wagner/Weber (2007a), S. 24.
[180] Vgl. Shao/Mohr/Henke (2008), S. 26.

Aus räumlicher Perspektive sind zwei grundsätzliche Kontrollbereiche zu unterscheiden. Dazu gehören zum einen der Bereich, auf den das Unternehmen keinen direkten Einfluss hat, den Beschaffungsmarkt und das Beschaffungsmarktumfeld, und zum anderen der Bereich, auf den das Unternehmen direkten Einfluss hat, den innerbetrieblichen Beschaffungsapparat. Die Kontrolle und Analyse des Beschaffungsmarktes umfasst dabei sowohl weltwirtschaftliche, volkswirtschaftliche als auch branchenspezifische Daten. Auch produktspezifische Innovationen der Konkurrenz müssen überwacht werden.[181] Ziel der Kontrolle und Analyse des Beschaffungsmarktes beziehungsweise dessen Umfeldes ist es, Erkenntnisse über Entwicklungen der Beschäftigungssituation, der Geldwertstabilität, des Preisniveaus sowie zukünftiger Tarifabschlüsse zu erhalten, da diese Faktoren Einfluss auf die Versorgungssicherheit ausüben.[182] Es gilt außerdem, die Lieferanten hinsichtlich ihrer Kosten-Nutzen Relation zu durchleuchten. Dadurch kann die richtige Lieferantenwahl im Rahmen strategischer Überlegungen regelmäßig überprüft und ausgestaltet werden. Die Kontrolle hat dabei regelmäßig oder im Idealfall kontinuierlich zu erfolgen. Dadurch sollen Entwicklungstendenzen und voraussichtlich auftretende Situationen auf den Beschaffungsmärkten rechtzeitig antizipiert und in die laufende Planung und Steuerung einbezogen werden. Im Rahmen der Kontrolle und Analyse des innerbetrieblichen Beschaffungsapparates stehen die Ausgestaltung von Beschaffungsprozessen sowie die organisatorische Ausgestaltung des Beschaffungsbereiches im Fokus. Auch das Leistungsprogramm wird kontrolliert und analysiert.

Abschließend können im Rahmen der Beschaffungskontrolle folgende Hauptfunktionen des Beschaffungscontrollings ausgemacht werden:[183]

- Durchführung der Erfolgs-, Umsetzungs- und Prämissenkontrolle
- Identifizieren von Abweichungen und analysieren der festgestellten Abweichungen
- Überprüfung der strategischen und operativen Beschaffungsziele
- Dokumentation und Kommentierung von Kontrollergebnissen
- Wahrnehmung einer Vielzahl von strategischen und operativen Kontrollaufgaben

Die Unterstützung der Beschaffungskontrolle durch das Beschaffungscontrolling soll letztlich zur Einleitung von Anpassungsmaßnahmen durch das Beschaffungsmanagement führen, um die jeweils aktuellen Beschaffungsziele trotz unternehmensinterner und unternehmensexterner Störgrößen zu erreichen.

---

[181] Vgl. Bornemann (1987), S. 55.
[182] Vgl. Piontek (2012), S. 51.
[183] Vgl. Kaluza (2010), S. 170.

3.2.4 Unterstützung der Beschaffungssteuerung

Steuerung ist ein geordneter, informationserarbeitender Prozess zur Veranlassung der Planrealisation sowie der zielführenden Einflussnahme auf die Planrealisation.[184]

Nach Schweitzer kommen der Beschaffungssteuerung mehrere Funktionen zu.[185] Die Beschaffungssteuerung soll sicherstellen, dass die Maßnahmen zur Durchsetzung der Beschaffungspläne, entlang der Beschaffungsstrategien, zur Erreichung der aktuellen Beschaffungsziele führen. Des Weiteren soll die Beschaffungssteuerung Ziele, Strategien und Maßnahmen entsprechend den aktuellen Gegebenheiten anpassen. Außerdem sollen Störungen bei der Umsetzung der Beschaffungspläne frühzeitig erkannt und beseitigt werden. Die Steuerungsmaßnahmen müssen dabei koordiniert ablaufen. Außerdem müssen die Steuerungsmaßnahmen an die Beschaffungsmitarbeiter kommuniziert werden. Es gilt, diese über die Wichtigkeit der Maßnahmen aufzuklären, um Motivation zu erzeugen.

Die Unterstützungsfunktion der Beschaffungssteuerung schließt den Regelkreis des Beschaffungscontrollings. Im Rahmen der Beschaffungssteuerung ist der Controller die zuarbeitende, für Transparenz sorgende Stelle, die den Entscheidungsträgern notwendige Steuerungsmaßnahmen aufzeigt. Er soll „Salz in die Wunde" streuen um die Beschaffungsführung zur Durchführung von Steuerungsmaßnahmen zu veranlassen. Es ist also die Funktion des Beschaffungscontrollings einen Veränderungs- und Anpassungsdruck auf die Beschaffungsführung auszuüben. Die Funktion der Beschaffungsführung ist es dann wiederum im Rahmen der Steuerung, geeignete Anpassungsmaßnahmen zu initiieren. Das Beschaffungscontrolling assistiert bei deren Umsetzung. Die Anpassungsmaßnahmen können sowohl Ziele, Strategien als auch einzelne Maßnahmen betreffen.

Dem Beschaffungscontrolling kommt im Rahmen der Steuerungsfunktion insbesondere die wichtige Aufgabe zu, die Schnittstelle zwischen Planung und Umsetzung beschaffungspolitischer Maßnahmen zu unterstützen. Während Informationsfunktion sowie Kontrolle und Analysefunktion vergangenheitsorientierten Charakter aufweisen, ist die Steuerungsfunktion wie auch die Planungsfunktion zukunftsorientiert. Sie ist als Antwort auf den aus Planungs- und Kontrollprozess resultierenden Informationsfluss zu verstehen. Dabei liegt das Hauptaugenmerk der Beschaffungssteuerung in der Umsetzung und Anpassung der Beschaffungsstrategie.[186] Dazu müssen die formulierten Beschaffungsstrategien in

---

[184] Schweitzer (2001), S. 20.
[185] Vgl. Schweitzer (2001), S. 23.
[186] Vgl. Kaluza (2010), S. 163.

54

Umsetzungspläne und konkrete Maßnahmen überführt werden. Diesen Prozess unterstützt das Beschaffungscontrolling durch den Vorschlag von Methoden und Instrumenten.[187] Das Beschaffungscontrolling hat darauf zu achten, dass die ausgewählten Methoden und Instrumente der Unternehmensführung die Strategieumsetzung optimal unterstützen. Dazu sind diese regelmäßig anzupassen und weiterzuentwickeln.

Die erarbeiteten Maßnahmen muss das Beschaffungscontrolling koordinieren. Realisierbare Erfolgswirkungen gilt es, zum Zweck der Akzeptanz- und Motivationserzeugung aufzuzeigen. Außerdem müssen den einzelnen Beschaffungsmaßnahmen Prioritäten zugeteilt werden um im Falle knapper Kapazitäten die Umsetzungseffizienz zu erhöhen. Die geplanten Maßnahmen können nur dann durchgeführt werden, wenn die entsprechenden Ressourcen zur Maßnahmenumsetzung bereitstehen. Dies betrifft sowohl den reinen Ressourcenumfang, als auch die Qualität der bereitstehenden Ressourcen. Dabei muss der Ressourcenbedarf stets koordiniert werden. Den wichtigsten Maßnahmen ist bei der Ressourcenverteilung Priorität einzuräumen. Zudem ist darauf zu achten, dass die Ressourcenverteilung entsprechend den Anforderungen an die jeweiligen Maßnahmen erfolgt. Hochwertige Ressourcen sollen so nicht unnötig verschwendet werden.

Eine weitere Funktion des Beschaffungscontrollings im Rahmen der Steuerung besteht darin, die festgelegten Beschaffungsziele in Beschaffungsbereichsziele zu untergliedern und den Beschaffungsbereichsverantwortlichen vorzulegen.[188] Wie bereits dargestellt haben nicht nur im Anschluss an die Beschaffungsplanung Steuerungsmaßnahmen des Beschaffungsbereichs zu erfolgen. Auch die aus der Beschaffungskontrolle beziehungsweise Abweichungsanalyse gewonnenen Informationen über notwendige Anpassungsmaßnahmen bilden den Ausgangspunkt zur Durchführung einer zielgerichteten Beschaffungssteuerung. Bestehende Soll-Ist Abweichungen sollen beseitigt werden. Die zentrale Funktion des Beschaffungscontrollings im Rahmen der Beschaffungssteuerung ist dabei die zielorientierte Beeinflussung der Beschaffungsführung, um trotz der auftretenden unternehmensinternen und unternehmensexternen Störgrößen[189], die Beschaffungspläne durchzusetzen.[190]

Abschließend können im Rahmen der Beschaffungssteuerung folgende Hauptfunktionen des Beschaffungscontrollings ausgemacht werden.[191]

---

[187] Vgl. die Darstellung der Beschaffungs-Balanced-Scorecard in Abschnitt 3.4.5.
[188] Vgl. Kaluza (2010), S. 164.
[189] Vgl. Abschnitt 3.1.
[190] Vgl. Kaluza (2010), S. 163.
[191] Vgl. Kaluza (2010), S. 144.

- Vorschlag von Methoden und Instrumenten zur Umsetzung der Beschaffungsstrategie
- Weiterentwicklung von Methoden und Modellen
- Unterstützung bei der Ableitung von Maßnahmenalternativen
- Bereichsübergreifende (Mit-) Koordination der Umsetzung
- Unterstützung bei der Maßnahmenauswahl
- Projektmanagement in der Beschaffung
- Unterstützung bei der Maßnahmenplanung

Die Unterstützung der Beschaffungssteuerung durch das Beschaffungscontrolling soll gewährleisten, dass die durch das Management angeordneten Beschaffungsaktivitäten zu jeder Zeit auf die aktuellen Beschaffungsziele ausgerichtet bleiben.

3.2.5 Handlungsfelder des Beschaffungscontrollings

Die dargestellten Funktionen des Beschaffungscontrollings finden im Wesentlichen auf fünf Handlungsfelder Anwendung. Auf die *Material- und Güterflüsse*, das *Beschaffungsprogramm*, die *Lieferanten*, die *Zahlungsströme* sowie den *innerbetrieblichen Beschaffungsbereich*.[192]

Das Hauptziel des Beschaffungscontrollings im Handlungsfeld der *Material- und Güterflüsse* liegt in der Optimierung der Kosten der Beschaffungsobjekte sowie der Lagerbestände. Die Lagerbestände sollen durch bereitgestellte Kosteninformationen in die Richtung des Optimums gesteuert werden. Die Bestandskosten setzen sich dabei aus vielen Komponenten zusammen, weshalb eine Steuerung in die Richtung des Kostenoptimums eine komplexe Aufgabe darstellt. Durch den Vorratsbestand wird zum einen Kapital gebunden, das am Kapitalmarkt gewinnbringend angelegt werden könnte. Daraus entstehen Opportunitätskosten. Zudem ist für den Erhalt der Bestände Lagerraum notwendig. Daraus und aus dem notwendigen Lagerpersonal resultieren Lagerkosten. Bei jeder Lagerung ist des Weiteren in einem gewissen Umfang mit Schwund oder Diebstahl zu rechnen. Besonders bei verderblichen Gütern muss zudem berücksichtigt werden, dass ein Teil der Lagerbestände im Anschluss an die Lagerung nicht mehr veräußerbar ist. Die logische Schlussfolgerung aus den aufgezeigten Zusammenhängen wäre die Bestände zu minimieren. Jedoch bergen geringe Bestände auch Risiken. Sie führen zwar zu geringen Bestandskosten, können aber hohe Fehlmengenkosten verursachen, da Lieferausfälle bei geringen Lagerbeständen nur schwer kompensiert werden können. Zudem werden die Kundenbeziehungen durch ausbleibende Lieferungen gestört. Das Beschaffungscontrolling muss bei der Optimierung der

---

[192] Vgl. Tschandl/Schentler (2008), S. 19.

Lagerbestände mit dem Beschaffungsmanagement kooperieren, um Chancen und Risiken niedriger Lagerbestände gegeneinander abzuwägen. Dabei sollen sowohl Lieferbereitschaft, Lieferflexibilität als auch Materialqualität sichergestellt und optimiert werden.[193] Das Beschaffungsmanagement muss dazu eine Vielzahl von Größen festlegen und berücksichtigen und bedarf deshalb der Unterstützung durch das Beschaffungscontrolling. Hierzu gehören etwa die Losgröße, der Bestellrhythmus, die Sicherheitsbestände sowie das angestrebte Servicelevel.

Im Rahmen der Optimierung der Beschaffungsobjektkosten gilt es zu beachten, dass die Objekte mit den niedrigsten Anschaffungskosten nicht immer die kostenoptimalen Beschaffungsobjekte darstellen. Vielmehr sollte eine ganzheitliche Kostenbetrachtung erfolgen. In diesem Zusammenhang haben sich Konzepte zur Kostenmessung wie etwa das Life-Cycle-Value oder die Total-Cost-of-Ownership etabliert.[194] Diese Konzepte berücksichtigen nicht nur die Anschaffungskosten, sondern die gesamten durch ein Beschaffungsobjekt hervorgerufenen Kosten von der Anschaffung bis hin zum Verbrauch oder Absatz. Dazu gehören neben den Anschaffungskosten vor allem die Kosten für den eigentlichen Beschaffungsprozess, die Kosten für die Wartung und Instandhaltung sowie die Kosten für Vertrieb oder Entsorgung.[195] Wesentlich für eine ganzheitliche Kostenbetrachtung ist insbesondere ein optimales Verhältnis zwischen Kosten und Qualität. Die oftmals mit Kosteneinsparungen verbundene Qualitätsreduktion kann zu Umsatzeinbrüchen führen. So können die durch niedrige (Anschaffungs-)kosten erzeugten Kosteneinsparungen mehr als aufgehoben werden. Die zunächst ausgemachte Kosteneinsparung vermindert im Endeffekt den Unternehmenserfolg. Es muss folglich auch mit dem Vertrieb kommuniziert werden, um derartige Wechselwirkungen rechtzeitig zu erkennen. Eine Integration der Beschaffung in andere betriebliche Funktionsbereiche ist deshalb wünschenswert. Den Integrationsprozess der Beschaffung in andere betriebliche Funktionsbereiche weiter voranzutreiben, ist somit eine weitere Funktion des Beschaffungscontrollings im Bereich der Material- und Güterflüsse.

Im Handlungsfeld *Beschaffungsprogramm* steht die globale Betrachtung der zugekauften Waren und Warengruppen im Vordergrund.[196] Erst wenn das Beschaffungsprogramm festgelegt ist, können Management- sowie Controlling Aktivitäten bezüglich der konkreten Material und Güterflüsse erfolgen. Hierin ist die klare Abgrenzung beider Handlungsfelder zu

---

[193] Vgl. Tschandl/Schentler (2010), S. 36. Vgl. die dargestellten Beschaffungsziele in Abschnitt 2.2.

[194] Auch die Konzepte zur Kostenmessung Life-Cycle Value und Total-Cost-of-Ownership werden zu den Instrumenten des Beschaffungscontrollings gezählt.

[195] Vgl. Piontek (2004), S. 220.

[196] Vgl. Tschandl/Schentler (2010), S. 38.

sehen. Das Handlungsfeld Beschaffungsprogramm umfasst dabei Entscheidungen hinsichtlich der optimalen Fertigungstiefe. Es wird die Frage gestellt für welche Komponenten eine Eigenfertigung kosten- beziehungsweise nutzenoptimal ist und ob ein Produkt überhaupt weiterhin hergestellt werden sollte. Auf Grundlage dieser Analyse können Outsourcing Entscheidungen getroffen werden. Eine weitere Aufgabe des Beschaffungscontrollings im Handlungsfeld „Beschaffungsprogramm" ist die Erfassung der Beschaffungsobjektstruktur. Dabei wird analysiert, welche Beschaffungsobjekte zu welchem Zeitpunkt an welchem Ort des Unternehmens benötigt werden. Dabei müssen durch das Beschaffungscontrolling neben direkten und indirekten Kosten auch der Nutzen der Beschaffungsobjekte transparent gemacht werden.[197] Das Beschaffungscontrolling hat hinsichtlich des Beschaffungsprogramms auch die Funktion, das Management beim Auffinden horizontaler Verbundeffekte zu unterstützen.[198] Diese entstehen durch die Zusammenarbeit mit Unternehmen auf einer Wertschöpfungsstufe. So kann etwa die Marktposition und damit oftmals auch die Beschaffungskonditionen durch ein gemeinsames Auftreten auf dem Beschaffungsmarkt verbessert werden. Auch die Identifikation und Realisation vertikaler Verbundeffekt soll durch das Beschaffungscontrolling unterstützt werden. Das Beschaffungscontrolling soll des Weiteren mögliche Bündelungen in der Beschaffungsobjektstruktur erfassen und deren Realisierung unterstützen. Weisen verschiedene Endprodukte gleichartige Komponenten auf, so können Bedarfe gebündelt und durch die höheren Bestellmengen positive Skaleneffekte realisiert werden. Die Erfolgswirksamkeit von Verbundeffekten als auch Bündelungen müssen erfasst, und deren Einfluss auf die Beschaffungsziele aufgezeigt werden. Dadurch soll das Management zu Maßnahmen veranlasst werden, die deren Realisation dienen.

Ein zunehmend an Bedeutung gewinnendes Handlungsfeld des Beschaffungscontrollings fokussiert sich auf die *Lieferanten*. Das Beschaffungscontrolling soll das Management dabei unterstützen, „Konzepte und Instrumente für eine effektive Koordination der Zusammenarbeit zwischen dem Unternehmen und seinen Lieferanten ein- und umzusetzen".[199] Das Handlungsfeld „Lieferanten" betrifft dabei nicht nur direkt vorgelagerte Lieferanten sondern die gesamte vorgelagerte Wertschöpfungskette eines Unternehmens. Dabei stehen mehrere Aspekte im Vordergrund.[200] Ein wesentlicher Aspekt im Funktionsbereich der Lieferanten ist die Planung und Kontrolle der Lieferantenstrategien. Im Zusammenhang der Lieferantenstrategie gilt es, zwei Kernfragen zu beantworten. Es muss geklärt werden, mit

---

[197] Vgl. Tschandl/Schentler (2010), S. 38.
[198] Vgl. Tschandl/Schentler (2010), S. 38.
[199] Wagner/Weber (2007a), S. 9. Eine wesentliche Rolle spielt dabei die in Abschnitt 3.3.1 dargestellte Lieferantenbewertung.
[200] Vgl. Tschandl/Schentler (2010), S. 37.

welchen Lieferanten in Zukunft zusammengearbeitet wird und auf welche Art und Weise diese Zusammenarbeit erfolgen soll. Daran schließen sich etliche weitere Fragestellungen an. Es gilt, die Anzahl der Lieferanten[201] zu konkretisieren und die angestrebten Beziehungstypen zu definieren. Auch ist die grundsätzliche Strategie in der regionalen Verteilung der Lieferanten abzuklären. In diesem Zusammenhang stehen sich Global und Local-Sourcing Strategien gegenüber. Des Weiteren ist die Einschätzung von Lieferantenrisiken ein wesentlicher Faktor, den das Beschaffungscontrolling im Handlungsfeld der Lieferanten unterstützen muss. Es gilt dabei sowohl operative als auch strategische Lieferantenrisiken zu berücksichtigen. Zu den strategischen Lieferantenrisiken werden etwa Abhängigkeiten, Preiserhöhungen, sowie die Gefahr von Insolvenzen gezählt. Die operativen Lieferantenrisiken umfassen z. B. Lieferverzögerungen, Qualitätsmängel, und schlechte Logistikleistungen der Lieferanten.[202] Nach der Festlegung der Lieferantenstrategie gilt es konkrete Lieferanten auszuwählen. Das Beschaffungscontrolling unterstützt durch die bereitgestellten Informationen, etwa im Rahmen einer Lieferantenbewertung[203], diese Auswahl. Sind einzelne Lieferanten ausgewählt, so müssen diese in regelmäßigen Abständen hinsichtlich ihrer Leistung kontrolliert und bewertet werden. Auch hier liefert das Beschaffungscontrolling relevante Informationen und unterstützt die Lieferantenkontrolle durch das Beschaffungsmanagement. Die Geschäftsbeziehungen sollen dadurch in die für die eigene Unternehmung optimale Richtung entwickelt werden. Die Ausgestaltung der Geschäftsbeziehungen erfolgt zumeist beschaffungsobjektspezifisch. Je Größer die Bedeutung der Beschaffungsobjekte für ein Unternehmen ist, desto engere Beziehungen werden angestrebt. Dabei kommt etwa das Instrument Component-Chart zum Einsatz.[204] Auch die Steuerung der Lieferantenstruktur, also die Steuerung weiter Teile der Supply-Chain, wird vom Beschaffungscontrolling unterstützt. Dazu kommt etwa das Instrument Supply-Chain Portfolio zum Einsatz.[205]

Das Management der Zahlungen zwischen einem Unternehmen und dessen Lieferanten kann signifikanten Einfluss auf den Unternehmensgewinn haben.[206] Das Handlungsfeld *Zahlungsströme* des Beschaffungscontrollings befasst sich mit eben jenen Transaktionen. Es liegt an der Schnittstelle verschiedener Bereiche. So ist für die Vereinbarung der Zahlungsziele und die Vertragsgestaltung die Beschaffung verantwortlich. Die eigentliche

---

[201] Hierbei stehen sich als Extremfälle Multiple und Single Sourcing Strategien gegenüber.
[202] Vgl. Herrmann/Schatz (2011), S. 303.
[203] Vgl. Abschnitt 3.3.1.
[204] Vgl. Abschnitt 3.3.4.
[205] Vgl. Abschnitt 3.3.6.
[206] Vgl. Tschandl/Schentler (2008), S. 21.

Finanztransaktion wird jedoch durch die Finanzabteilung abgewickelt.[207] Schon bei der Vertragsgestaltung ist eine zielgerichtete Koordination notwendig. Dadurch soll der Zielkonflikt zwischen ausreichender Liquidität und hoher Rendite ausgeglichen werden, wobei das Beschaffungscontrolling durch die Bereitstellung relevanter Informationen assistiert. Dem Working Capital Tracking kommt ebenfalls eine wichtige Bedeutung zu. Im Sinne einer liquiditätsorientierten Finanzplanung sind die voraussichtlichen Zahlungstermine zu budgetieren, damit vonseiten der Finanzabteilung die erforderlichen liquiden Mittel bereitgestellt werden können.[208] Erfolgt eine derartige Planung nicht, können daraus höhere Kosten für kurzfristige Kredite, entgangenen Skonti, Liquiditätsschwierigkeiten und Imageverlusten bei Lieferanten durch nicht fristgerechte Zahlungen resultieren.[209]

Das Handlungsfeld „*innerbetrieblicher Beschaffungsbereich*" bezieht sich schließlich auf die Steuerung der Beschaffung als Organisationseinheit. Es wird analysiert ob der Beschaffungsbereich an sich effizient arbeitet. Hierbei gilt es zu überprüfen, ob die Beschaffung entsprechend ihren Anforderungen organisiert ist oder ob Strukturveränderungen dem Beschaffungserfolg dienlich wären. Im Handlungsfeld des „innerbetrieblichen Beschaffungsbereichs" müssen sowohl Beschaffungsaktivitäten gesteuert, als auch eine Evaluation des Beschaffungsbereichs d. h. eine Performance Messung durchgeführt werden.[210] Bei der Performance Messung gilt es zu beurteilen, welche Leistung und welche Kosten von der Beschaffungsabteilung verursacht werden. Leitungsindikatoren können dabei sowohl kosten-, qualitäts- als auch zeitbezogen sein.[211] Sie müssen anhand der Anforderungen an den Beschaffungsbereich unternehmensindividuell definiert werden. Die Bereitstellung, Auswertung und Darstellung der relevanten Leistungsindikatoren erfolgen durch das Beschaffungscontrolling, um dem Management notwendige Rationalisierungsmaßnahmen zu ermöglichen.Aus strategischer Perspektive gilt es bezüglich einzelner Beschaffungsaktivitäten zu hinterfragen, welche Aktivitäten dauerhaft den Wertbeitrag der Beschaffung erhöhen und welche mehr Kosten- als Nutzenträger sind. Operativ hingegen steht die Steuerung des Inputfaktoreneinsatzes im Vordergrund.[212] Auch in diesem Zusammenhang hat das Beschaffungscontrolling für Transparenz zu sorgen um die Prozesseffizienz zu steigern.

---

[207] Vgl. Tschandl/Schentler (2010), S. 38.
[208] Vgl. Steinke/Wischmann/Schentler /Handrich (2011), S. 564-571.
[209] Vgl. Espich (2004), S. 91.
[210] Vgl. Tschandl/Schentler (2010), S. 39.
[211] Vgl. Tschandl/Schentler (2010), S. 39.
[212] Vgl. Handlungsfeld der Material und Güterflüsse.

3.2.6 Funktionserfüllung in der Praxis

Es stellt sich im Folgenden die Frage, inwieweit die durch das Beschaffungscontrolling bereitgestellten Funktionen den an sie gestellten Anforderungen entsprechen. Kaluza hat hierzu einige Experten des Beschaffungscontrollings sowie interne Kunden, die Controlling-Leistungen empfangen, befragt. In diesem Zusammenhang ließ er ausgewählte Teilfunktionen der Informations-, Planungs-, Kontroll- und Steuerungsfunktion hinsichtlich ihrer Bedeutung und der Güte ihrer Durchführung in der Unternehmenspraxis bewerten. Die hieraus gewonnenen Erkenntnisse geben Aufschluss darüber, wie sich die durch das Beschaffungscontrolling bereitgestellten Funktionen verändern müssen, um die Beschaffungsführung optimal zu unterstützen.

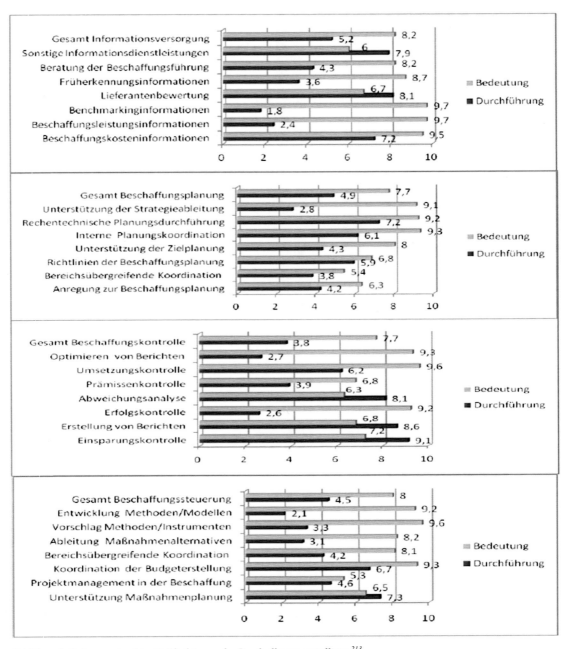

Abbildung 8: Relevanz einzelner Teilfunktionen des Beschaffungscontrollings.[213]

Die Informationsversorgung wird von den Experten als die wichtigste Funktion des Beschaffungscontrollings angesehen.[214] Als wesentliche Teilfunktionen werden hierbei

---

[213] Vgl. Kaluza (2010), S. 144-147.
[214] Es ist anzumerken, dass die ermittelten Bedeutungsunterschiede zwischen den einzelnen Teilfunktionen als marginal eingestuft werden müssen (maximale Bedeutungsabweichung zwischen Informationsversorgung und Beschaffungskontrolle von 0,5 Bedeutungseinheiten bei einer Skalierung von 0 – 10 Bedeutungseinheiten). Im Rahmen der Literaturrecherche waren nahezu keine empirischen Untersuchungen bezüglich der Funktionserfüllung des Beschaffungscontrollings vorzufinden. Hierin ist eine erhebliche Erkenntnislücke zu erkennen. Die hier dargestellten Ergebnisse von Kaluza sind deshalb durch weitere Untersuchungen zu belegen. Allerdings decken sich seine, aus der Untersuchung gewonnenen Erkenntnisse, mit den Einschätzungen anderer Autoren, weshalb sich im Folgenden auf seine empirische Untersuchung berufen werden soll.

Informationen über die Beschaffungsleistung und die Beschaffungskosten ausgemacht. Von ähnlicher Bedeutung sind Informationen aus Benchmark-Studien.[215] Während die Versorgung mit Informationen über die Beschaffungskosten weitestgehend als zufriedenstellend bewertet wird, bestehen große Defizite bei der Bereitstellung von Leistungs- und Benchmarking Informationen. Eine Übererfüllung der Teilfunktionen wird im Bereich der aus der Lieferantenbewertung generierten Informationen und den sonstigen Informationsdienstleistungen gesehen. Die Beschaffungssteuerung stufen die Befragten als zweitwichtigste Funktion des Beschaffungscontrollings ein. Als zentrale Teilfunktionen werden die Entwicklung von Methoden und Instrumenten zur Unterstützung der Beschaffungssteuerung, der Vorschlag eben solcher Methoden, sowie die Koordination der Budgeterstellung genannt. In allen drei Teilfunktionen bestehen Defizite, wobei diese bei der Budgeterstellung am geringsten ausfallen. Eine Übererfüllung der Steuerungsfunktionen wird im Rahmen der Maßnahmenplanung erkannt.

Beschaffungsplanung und Beschaffungskontrolle werden von den Experten als gleichwichtige Funktionen eingestuft. Die drei wichtigsten Teilfunktionen der Beschaffungsplanung bilden dabei die Unterstützung der Strategieableitung, die beschaffungsinterne Koordination der Planentwürfe sowie die rechentechnische Durchführung der Beschaffungsplanung. Die größte Leistungsabweichung ist im Rahmen der Strategieableitung auszumachen. Die Übererfüllung einer Teilfunktion ist im Rahmen der Beschaffungsplanung nicht erkennbar. Die am wichtigsten eingestuften Kontrollfunktionen des Beschaffungscontrollings sind die Umsetzungs- und Erfolgskontrolle sowie das Optimieren und Vereinfachen von Kontrollberichten. Besonders bei den Kontrollberichten wird bemängelt, dass sie nicht den an sie gestellten Anforderungen entsprechen. Da gleichzeitig eine Übererfüllung der Teilfunktion "Erstellung von Berichten" attestiert wird ist davon auszugehen, dass zu viele, komplizierte Kontrollberichte in der betrieblichen Praxis erstellt werden. Auch im Rahmen der Abweichungsanalyse und der Einsparungskontrollen übersteigt die Durchführung die Bedeutung.

Insgesamt entspricht weder bei der Informations-, der Kontroll-, der Steuerungs- noch der Planungsfunktion die Durchführung der Bedeutung. Über alle Teilfunktionen hinweg ist die Abweichung im Rahmen der Beschaffungskontrolle dabei am signifikantesten. Kaluza nennt als mögliche Ursachen der funktionsübergreifenden Defizite Lücken bei der Ermittlung von Beschaffungserfolgen, die geringe Erhebung und Nutzung von unternehmensexternen Vergleichswerten sowie die mangelnde strategische Unterstützung der

---

[215] Vgl. die Ausführungen zum Beschaffungs-Benchmarking in Abschnitt 3.3.3.

Beschaffungsführung.[216] Seine Erkenntnisse decken sich mit der bereits dargestellten Einschätzung, dass die Beschaffungsleistung mangels der Implementierung eines ganzheitlichen KPI-Systems nur unzureichend erfasst werden kann. Auch die von Kaluza attestierte mangelnde strategische Unterstützung der Beschaffungsführung deckt sich mit der Erkenntnis anderer Autoren, dass strategische Controlling-Instrumentarien in der Unternehmenspraxis nur unzureichend implementiert sind.[217]

3.2.7 Beschaffungstrends und Implikationen für das Beschaffungscontrolling

Aufgrund einer Vielzahl von Einflussfaktoren werden die Beschaffungsmärkte der Zukunft tiefgreifenden Veränderungen unterworfen sein. Dies hat Auswirkungen auf das Beschaffungscontrolling, das sich den neuen Gegebenheiten sowohl funktional als auch instrumental anpassen muss. Die zunehmende Globalisierung der Absatz- und Beschaffungsmärkte steigert den Wettbewerbsdruck. Daraus resultieren steigende Kosten und Leistungsanforderungen für die Unternehmen.[218] Im Zuge notwendiger Effizienzsteigerungen konzentrieren sich die Unternehmen daher zunehmend auf ihre Kernkompetenzen. Die Programmtiefe wird reduziert, der Anteil zugekaufter Komponenten steigt an, die strategische Bedeutung der Zulieferer nimmt zu. Dadurch wächst der Kostenanteil der Beschaffungs- an den Gesamtkosten. Infolgedessen nimmt auch die Bedeutung der Beschaffung und somit des Beschaffungscontrollings für den Unternehmenserfolg zu.[219]

Kürzerer Produktlebenszyklen und häufige technische Innovationen stellen weitere große Herausforderungen für die Beschaffung dar. Das Beschaffungssortiment muss in immer kürzeren Zeitabständen überprüft werden, um die Beschaffungsobjekte an das aktuelle Produktionsprogramm, Produktionssystem sowie neue technologische Standards anzupassen. Kürzere Produktlebenszyklen gehen einher mit steigender Forschungs- und Entwicklungsintensität. Dabei kann die Entwicklungszeit bereits heute die Dauer des Produktlebenszyklus übersteigen. Um die Innovationsfähigkeit zu stärken und die Entwicklungszeit zu verkürzen, müssen funktionsbereichsübergreifend Kompetenzen gebündelt werden. Die Beschaffung wird sich deshalb zunehmend mit anderen Funktionsbereichen wie der F&E-Abteilung verknüpfen und auch Technologieaktivitäten umfassen. Die Kompetenzbündelung muss sowohl inner- als auch außerbetrieblich erfolgen. Deshalb ist eine partnerschaftliche Beziehung zu wichtigen Zulieferern anzustreben, die nach

---

[216] Vgl. Kaluza (2010), S. 151.
[217] Vgl. Wagner/Weber (2007a), S. 34; vgl. dazu den folgenden Abschnitt 3.2.7.
[218] Vgl. Tschandl/Schentler (2010), Vorwort.
[219] Vgl. Kaufmann/Thiel/Becker (2005), S. 17.

Möglichkeit schon bei der Produktentwicklung[220] beginnt und sich über den gesamten Produktlebenszyklus erstreckt. Produkte sollten gemeinschaftlich ent- und weiterentwickelt werden. Das Lieferantenmanagement gewinnt somit zunehmend an Bedeutung.

Enge Lieferantenbeziehungen bergen allerdings auch Gefahren. Da die Risiken aufgrund von Insolvenzen und anderen Problemen in der Lieferantenkette steigen, müssen Einkäufer die Versorgung mit Produkten und Dienstleistungen sicherstellen.[221] Andernfalls kann ein Lieferantenausfall gleichbedeutend mit einem Produktionsausfall im eigenen Unternehmen sein. Im Rahmen verstärkten Risikomanagements gilt es deshalb, Gefahren innerhalb der Supply-Chain zu erkennen und Gegenmaßnahmen zu entwickeln.

Hochvolatile Beschaffungsmärkte, vor allem bei Rohstoffen, erschweren Preisprognosen und stören eine langfristig orientierte Beschaffungsplanung.[222] Durch die zunehmende Rohstoffverknappung ist eine Verschärfung der Lage zu erwarten. Es stellt sich deshalb für die Unternehmen als immer schwieriger dar, die Versorgungssicherheit zu einem vertretbaren Preis zu gewährleisten. Darum müssen auch bisher nicht berücksichtigte Beschaffungsmärkte auf ihre Potentiale hin untersucht werden.

Ein weiterer wesentlicher, indirekter Faktor für die zukünftigen Beschaffungsmärkte ist die Veränderung der Machtverhältnisse auf den Absatzmärkten. Hier ist ein Wandel von Verkäufer- zu Käufermärkten zu beobachten. Die Kundenansprüche steigen.[223] Dies betrifft etwa den steigenden Wunsch nach individuellen Produkten, was dazu führt, dass kundenspezifische Erzeugnisse hergestellt werden müssen, um den Kundenwünschen gerecht zu werden. Eine Diversifikation des Beschaffungsprogramms ist hierzu notwendig. Auch lange Lieferzeiten werden nicht akzeptiert. Bei vielen Kunden steigt außerdem das Umweltbewusstsein. In diesem Zusammenhang wird eine nachhaltige Beschaffung für das Unternehmensimage immer bedeutsamer.

Wichtig für die Beschaffung wird weiterhin die Korruptionsbekämpfung im Rahmen des Compliance Gedankens bleiben. So ist der Einkauf aktuell noch vor dem Vertrieb die anfälligste Abteilung für Verstöße.[224]

Leistungsmängel in den genannten Punkten werden sofort erkannt. Durch den Einsatz moderner IuK-Technologie ist es möglich, Produkte schnell und einfach zu vergleichen,

---

[220] Vgl. Wynstra/ten Patrick (2000), S. 53.
[221] Vgl. Seegmüller (2012), S. 28.
[222] Vgl. Seegmüller (2012), S. 28.
[223] Vgl. Wildemann (2012), S. 7.
[224] Vgl. Seegmüller (2012), S. 28.

wodurch die Unternehmen unter einen enormen Leistungsdruck (in Folge des transparenten Wettbewerbs) gesetzt werden. Die Iuk-Technologie bietet jedoch auch großes Nutzenpotential für die Unternehmen. Sie ermöglicht neue inner- und zwischenbetriebliche Kooperationsformen, virtuelle Unternehmen und vernetzte Organisationen.[225] Dies ist als äußerst positiv zu bewerten, da durch die in Zukunft weiter zunehmende durchschnittliche Unternehmensgröße ein erhöhter Koordinationsbedarf hervorgerufen werden dürfte.

Vor dem Hintergrund der vielfältigen Herausforderungen bedarf es einer Weiterentwicklung der bestehenden Beschaffungskonzepte. Konzepte wie das E-Procurement und das Green-Procurement[226] stellen hierfür Ansatzpunkte dar. Auch eine überregionale Beschaffung im Rahmen eines Global-Sourcing Konzepts bietet bislang zu selten genutzte Chancen. Dies zeigt sich an folgendem Verhältnis. Während in Deutschland rund zwei Drittel der Unternehmen ins Ausland exportieren, werden nahezu 70% des Beschaffungsvolumens in Deutschland gedeckt.[227]

Die zunehmende Komplexität der Beschaffungsaufgaben steigert auch die Anforderungen an die Aus und Weiterbildung der Einkäufer. In beiden Punkten bestehen Defizite,[228] weshalb gut ausgebildete Einkäufer bereits heute Mangelware sind.[229] Das Management der Beschaffungs-Personalqualität gewinnt an Bedeutung.

Die Beschaffung ist bereits heute nicht mehr ausschließlich abwicklungsorientiert und als bloßer Versorger der Produktion anzusehen. Vielmehr muss die Beschaffungsführung auf der Suche nach Kostensenkungspotenzialen und Wettbewerbsvorteilen ihr früher oftmals stark abwicklungsorientiertes und nach innen gerichtetes Verhalten hinter sich lassen.[230] Damit werden Beschaffungsaufgaben komplexer und gewinnen an strategischer Bedeutung.[231] Das Beschaffungscontrolling wird sich dabei im Sinne des Supply-Chain Managements stärker mit anderen betrieblichen Funktionen vernetzen müssen, um Beschaffungstätigkeiten besser koordinieren zu können.[232] Die geschilderten Entwicklungen führen zu der Konsequenz, dass sich das Handlungsfeld des Beschaffungscontrollings weiter ausdehnen muss. Untermauert

---

[225] Vgl. Kerckhoff/Michalek (2007), S. 19.
[226] Das E-Procurement ist ein Konzept, dass sich auf den elektronischen Einkauf von Produkten bzw. Dienstleistungen durch ein Unternehmen über digitale Netzwerke fokussiert. Dadurch erfolgt eine Integration von innovativen IuK- Technologien zur Unterstützung bzw. Abwicklung von operativen und strategischen Aufgaben der Beschaffung. Vgl. Stoll (2007), S. 16-19. Green Procurement hingegen bedeutet, Nachhaltigkeits- und Umweltaspekte während des Einkaufs- und Beschaffungsprozess zu berücksichtigen. Die Beachtung von Umweltaspekten erfolgt über den gesamten Life-Cycle eines Beschaffungsobjekts.
[227] Vgl. Kerckhoff/Michalek (2007), S. 19.
[228] Vgl. Seegmüller (2012), S. 28.
[229] Vgl. o.V. (2007), S. 3.
[230] Vgl. Wagner/Weber (2007b), S. 16.
[231] Vgl. Thiel (2011), S. 7; Förstl (2012), S. 23-27.
[232] Vgl. Wagner/Weber (2007a), S. 51; Wagner/Weber (2007b), S. 16; Hofbauer/Bauer (2005), S. 24.

wird diese Hypothese durch historische Entwicklungen. Stand in den 1980er- und 1990er Jahren noch die Optimierung der Beschaffungsobjekt-, Prozess- und Transportkosten im Vordergrund, so zeigen neuere Beschaffungscontrolling-Konzeptionen eine Ausweitung ihrer Handlungsfelder auf Lieferanten, Beschaffungsprogramm und Zahlungsströme.[233]

Auch in einer Ausweitung des vom Beschaffungscontrolling betrachteten Objektumfangs liegen bislang zu oft ungenutzte Erfolgspotentiale.[234] Der vom Beschaffungscontrolling betrachtete Objektumfang beschränkt sich heute zumeist auf die Beschaffung von Sachgütern beziehungsweise Roh-, Hilfs- und Betriebsstoffe sowie fertigbezogenen Teilen, was dem Beschaffungsbegriff „im engeren Sinn" entspricht. Dabei machen etwa Patente und Rechte, Finanzdienstleistungen, Marketingleistungen, Personal, Beratungsleistungen, F&E-Dienstleistungen sowie Travel Management bis zu 28% des gesamten Beschaffungsvolumens eines "typischen" Industrieunternehmens aus.[235] Eine Professionalisierung der Beschaffung bei genannten Objekten birgt so große Kostensenkungspotentiale.

Strategische Fragestellungen rücken noch stärker in den Vordergrund. Porter erkannte darin bereits vor Jahren Defizite: "Procurement has strategic significance in almost every industry, but rarely has sufficient stature in firms."[236] Durch die stärkere strategische Ausrichtung und Bedeutung der Beschaffung werden hierarchisch höhere Unternehmensebenen mit Beschaffungsfragen betraut werden müssen. Neben der Bereitstellung von Ergebnisgrößen sollte auch eine stärkere Vernetzung, Koordination und Kooperation mit den am Wertschöpfungsprozess beteiligten Lieferanten über den gesamten Produktlebenszyklus hinweg durch das Beschaffungscontrolling unterstützt werden. Dadurch können die Ressourcen des Abnehmers mit den Ressourcen und Fähigkeiten seiner Lieferanten kombiniert und gemeinsam in den Geschäftsprozessen umgesetzt werden. Hierdurch kann eine Verbesserung der Leistungsfähigkeit des eigenen Unternehmens sowie der Lieferantenbasis erfolgen.[237] Es sollte also eine Ergänzung des Beschaffungs- durch das Supplier-Relationship-Controlling angestrebt werden.[238] Dabei müssen die Controlling-Instrumente schritthalten und die Bearbeitung der neu aufkommenden Fragestellungen unterstützen. Es werden vor allem der von den Beschaffungscontrolling-Instrumenten zu betrachtende Objektumfang ausgeweitet, ihr Handlungsfeld ausgedehnt und hierarchisch höhere Ebenen des Unternehmens angesprochen werden müssen.

---

[233] Vgl. Tschandl/Schentler (2010), S. 39.
[234] Vgl. Wagner/Weber (2007b), S. 16.
[235] Vgl. o.V. (2005), S. 10.
[236] Porter (1985), S. 88.
[237] Vgl. Wagner/Weber (2007b), S. 16; Kaufmann/Thiel/Becker (2005), S. 18.
[238] Vgl. Wagner/Weber (2007b), S. 16.

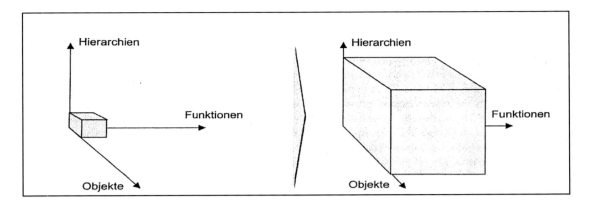

Abbildung 8: Controlling-Instrumente im Wandel. [239]

Dazu werden Instrumente notwendig die sich besonders mit strategischen Fragestellungen befassen und ganzheitliche Informationen über den Beschaffungsbereich anbieten. So nutzten 2005 nur rund 40% der Unternehmen das Repertoire an zur Verfügung stehenden strategischen Controlling-Instrumentarien in der Beschaffung. [240]

Insbesondere die Betrachtung der Schnittstellen zu den Lieferanten über weite Strecken der betrieblichen Supply-Chain ist dabei wünschenswert. Das bedeutet, dass nicht nur die unmittelbaren Vorlieferanten, sondern mehrere Glieder der Zulieferkette in die Optimierungsbemühungen der Beschaffung einbezogen werden sollten. Aktuell besteht hierbei großer Handlungsbedarf. Beschaffungscontrolling-Instrumente mit dem Fokus auf Lieferantenbeziehungen[241] kommen heute durchschnittlich seltener zum Einsatz, als Instrumente mit innerbetrieblichem Beschaffungsfokus.[242] Die Instrumente, die auf die innerbetriebliche Beschaffung ausgerichtet sind, beziehen sich dabei zumeist ausschließlich auf die Messung beziehungsweise die Reduzierung der Beschaffungskosten.[243] Auf die Supply-Chain ausgerichtete Instrumente wiederum kommen noch seltener zur Anwendung als solche mit Lieferanten-Orientierung und werden in der Praxis nur äußerst selten genutzt.[244] Auffallend ist zudem, dass strategische Instrumente sowohl im Bereich der innerbetrieblichen Beschaffung als auch an der Schnittstelle zum Lieferanten nur unzureichend verwendet werden.[245]

---

[239] Vgl. Wagner/Weber (2007a), S. 52.
[240] Vgl. o.V (2005), S. 10.
[241] Hierunter fallen etwa die Lieferanten-Balanced-Scorecard,, Zielvereinbarungen mit den Lieferanten oder die Lieferantenbewertung.
[242] Hierunter fallen etwa die ABC-Analyse, das Preis-Benchmarking und die Materialpreisveränderungsrechnung.
[243] Der Messung der Beschaffungsleistung wird dabei wie bereits dargestellt zu wenig Beachtung geschenkt.
[244] Hierunter fallen etwa das Supply-Chain Benchmarking sowie die Supply-Chain Balanced Scorecard.
[245] Vgl. Wagner/Weber (2007a), S. 34-35.

Beschaffungstrends	Implikationen für das Beschaffungscontrolling
• Globalisierung der Absatz- und Beschaffungsmärkte • Steigender Kostendruck • Volatilität der Beschaffungsmärkte, insbesondere der Rohstoffpreise • Steigende Bedeutung des Risikomanagements • Häufigere technische Innovationen • Kürzere Produktlebenszyklen • Wandel von Verkäufer- zu Käufermärkten • Sinkende Wertschöpfungstiefe • Entwicklungen in der IuK- Technologie • Kürzere Produktlebenszyklen	**Funktional** ➤ Verstärkte Unterstützung strategischer Fragestellungen der Beschaffung ➤ Unterstützung der Vernetzung, Koordination und Kooperation mit den Lieferanten ➤ Vernetzung der Beschaffung mit anderen betrieblichen Funktionsbereichen (wie etwa Marketing, Vertrieb oder F&E) ➤ Unterstützung neuartiger Beschaffungskonzepte wie etwa dem E-Procurement und dem Green Procurement ➤ Ausweitung der Handlungsfelder ➤ Ausweitung des betrachteten Objektumfangs ➤ Einbeziehung hierarchisch höherer Unternehmensebenen **Instrumental** Unterstützung der funktionalen Anpassungen: ➤ Verstärkter Einsatz strategischer Instrumente (etwa das Benchmarking) ➤ Vermehrter Einsatz von Instrumenten mit Lieferanten und Supply-Chain-Fokus (Supply-Chain-Portfolio, Component-Chart) ➤ Erfassung der Leistungen der Beschaffung, Abkehr vom Kostenfokus

Tabelle 3: Beschaffungstrends und Implikationen für das Beschaffungscontrolling

3.3 Die instrumentale Dimension des Beschaffungscontrollings - Zukünftig relevante Instrumente

Im Folgenden sollen sechs zukünftig als besonders relevant zu erachtende Instrumente des Beschaffungscontrollings dargestellt und gewürdigt werden. Die Auswahl aus der „unüberschaubaren"[246] Anzahl der Beschaffungscontrolling-Instrumente erfolgt dabei nicht willkürlich. Die Lieferantenbewertung, die ABC-Analyse, sowie das Beschaffungs-Benchmarking bilden die in der Praxis am häufigsten eingesetzten Controlling-Instrumente im

---

[246] Vgl. Kaluza (2010), S. 58.

Beschaffungsbereich.[247] Sie werden auch in Zukunft durch die Bereitstellung elementarer Funktionalitäten ihren festen Platz im instrumentellen Grundrepertoire vieler Unternehmen haben. Die Beschaffungs-Balanced-Scorecard, die Component-Chart sowie die Supply-Chain-Balanced-Scorecard sind hingegen innovative[248] Controlling-Instrumente, die eine Vielzahl der in Abschnitt 3.2.7 dargestellten zukünftigen Anforderungen an Controlling-Instrumente in der Beschaffung erfüllen. Deshalb wird bei ihnen mit einem starken Bedeutungszuwachs und damit auch Praxis Einsatz zu rechnen sein.

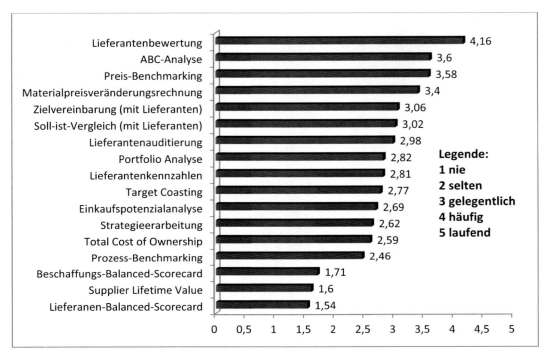

Abbildung 9: In der Beschaffung eingesetzte Controlling-Instrumente.[249]

3.3.1 Lieferantenbewertung

Nach der Studie[250] von Wagner und Weber aus dem Jahr 2007 ist die Lieferantenbewertung das am häufigsten eingesetzte Instrument des Beschaffungscontrollings. Sie ist dabei laut Disselkamp und Schüller als „[…] die regelmäßige, strukturierte, transparente und gründliche Analyse potenzieller und vorhandener Lieferanten auf deren Leistungspotenzial und -fähigkeit anhand definierter Kriterien"[251] definiert. Bei der Lieferantenbewertung wird

---

[247] Vgl. Wagner/Weber (2007a), S. 32-26.
[248] Vgl. Kaufmann/Thiel/ Becker (2005), S. 7.
[249] Vgl. Wagner/Weber (2007a), S. 32-36.
Insgesamt wurden bei der Befragung von Wagner und Weber rund 1.000 Unternehmen kontaktiert. 126 antwortende Unternehmen ergeben eine Rücklaufquote von 12,6%.
[250] Vgl. Wagner/Weber (2007a), S. 32-26.
[251] Disselkamp/Schüller (2004), S. 16.

versucht, den Lieferanten ganzheitlich zu erfassen. Ziel ist es, Lieferanten und Lieferantenstruktur so zu entwickeln, dass gegenwärtige und zukünftige Beschaffungspotentiale bestmöglich genutzt werden können. Im Rahmen der Durchführung von Lieferantenbewertungen sind mehrere Aspekte zu beachten.

Die Bewertung hat regelmäßig zu erfolgen. Veraltete Ergebnisse bilden häufig nicht mehr die aktuelle Situation ab und können so zu falschen Entscheidungen führen. Auch werden Leistungsentwicklungen eines Lieferanten oder der Lieferantenbeziehung erst durch regelmäßige Kontrollen sichtbar. Desweiteren muss die Bewertung strukturiert erfolgen. Es muss geklärt sein, welche Größen zu überwachen sind. Dabei ist es notwendig, dass diese aufeinander und auf die Anforderungen an den jeweiligen Lieferanten abgestimmt sind. Nur so kann ein klares Leistungsprofil gezeichnet werden. Hierbei hat die Lieferantenbewertung Transparenz zu wahren. Es muss also klar sein, wie eine Bewertung entstanden ist. Dadurch wird sowohl im eigenen, als auch im bewerteten Unternehmen Akzeptanz für die Resultate der Beurteilung geschaffen. Die unternehmensexterne Datengewinnung kann so erleichtert werden. Wie jede Bewertung muss auch die Lieferantenbewertung gründlich erfolgen, um so die tatsächlichen Verhältnisse fehlerfrei abbilden zu können.[252] Um eine ganzheitliche Beurteilung der Lieferanten erstellen zu können, sollten sowohl quantitative Daten wie z. B. Liefermenge, Preis, Entfernung als auch qualitative Faktoren, wie etwa Vertrauen, Zufriedenheit, Kommunikation oder Kompetenz verarbeitet werden können.[253] Im Rahmen der Lieferantenbewertung kommt eine Vielzahl von Verfahren zum Einsatz, welche gemäß der zu Grunde liegenden Datenbasis in quantitative und qualitative Verfahren unterteilt werden können.[254]

Ergebnis des angewendeten Verfahrens sollte ein möglichst übersichtlicher und schnell verständlicher Bericht sein. Auf Grundlage dieses Berichts soll das Beschaffungsmanagement in die Lage versetzt werden, zielgerichtete Entscheidungen bezüglich der Lieferantenbeziehung treffen zu können. Die exakte Würdigung der Stärken und Schwächen der Lieferantenbewertung ist nur in Bezug auf einzelne Verfahren möglich. Generell lässt sich allerdings festhalten, dass die Erstellung einer umfassenden Lieferantebeurteilung oftmals als zeit- und kostenaufwendig wahrgenommen wird. Zudem können Probleme bei der Gewinnung unternehmensexterner Daten entstehen, falls der zu beurteilende Lieferant nicht gewillt ist diese bereitzustellen. Die von Kaluza durchgeführte Befragung in Abschnitt 3.2.6

---

[252] Vgl. Disselkamp/Schüller (2004), S. 16.
[253] Vgl. Przygodda/Ferreras (2004), S. 14-17.
[254] Vgl. Glantschig (1994), S. 24. Die verschiedenen Verfahren sind in der Tabelle 4 dargestellt.

zeigt des Weiteren, dass die durch Lieferantenbewertungen generierten Informationen in ihrer Anwendung die Bedeutung übersteigen.

Durch die flexible Auswahl der Bewertungskriterien und Verfahren kann die Lieferantenbewertung jedoch gut an die situations- und unternehmensspezifischen Anforderungen angepasst werden. Mit ihrer Hilfe können sowohl quantitative als auch qualitative Größen erfasst und beurteilt werden. Die Lieferantenbewertung findet somit ein breites Anwendungsspektrum. Vor dem Hintergrund verstärkten Outsourcings und der Notwendigkeit zunehmender Zusammenarbeit und Integration der Zulieferer in den Wertschöpfungsprozess wird die Lieferantenbewertung voraussichtlich ihre zentrale Bedeutung für das Beschaffungscontrolling beibehalten.

Quantitative Verfahren	Qualitative Verfahren
<ul><li>Bilanzanalyse</li><li>Preis-Entscheidungsanalyse</li><li>Kosten-Entscheidungsanalysen</li><li>Optimierungsverfahren</li><li>Kennzahlenverfahren</li></ul>	<ul><li>Checklistenverfahren</li><li>Lieferantentypologien</li><li>Portfolio-Methode</li><li>Notensysteme</li><li>Punktbewertungsverfahren</li><li>Matrix-Approach</li><li>Nutzwertanalyse</li><li>Geldwerthmethode</li></ul>

Tabelle 4: Verfahren der Lieferantenbewertung.[255]

---

[255] Vgl. Glantschig (1994), S. 24.

3.3.2 ABC-Analyse

Die ABC-Analyse ist das in der Unternehmenspraxis am zweit häufigsten eingesetzte Controlling-Instrument im Beschaffungsbereich.[256] Sie wird als operatives Controlling Instrument klassifiziert. Sie wurde erstmals 1951 durch H. Ford Dickie in der Literatur erwähnt.[257] Grundlage der ABC-Analyse ist die nach Vilfredo Pareto benannte Pareto-Verteilung, die ursprünglich die Vermögensverteilung in Italien beschreiben sollte. Aus der Pareto-Verteilung lässt sich das Pareto-Prinzip ableiten, nachdem mit 20% der Mittel, 80% der Ergebnisse zu erreichen sind. Auf die ABC-Analyse übertragen bedeutet dies, dass durch 20% der Beschaffungsobjekte, 80% der Beschaffungskosten verursacht werden (A-Teile). Die restlichen 80% der Beschaffungsobjekte verursachen lediglich 20% der anfallenden Beschaffungskosten (B-Teile, C-Teile).

Die ABC-Analyse ist das einfachste Werkzeug zur Segmentierung des Beschaffungsportfolios. Sie ist eine Standardauswertung in nahezu allen ERP-Systemen.[258] Durch die ABC-Analyse soll eine Unterscheidung zwischen wesentlichen und unwesentlichen Beschaffungsobjekten ermöglicht werden.[259] Die Beschaffungsführung kann sich dadurch auf die wesentlichen Beschaffungsobjekte konzentrieren und ihre Anstrengungen fokussieren, was die Beschaffungseffizienz steigert. Im Rahmen der ABC-Analyse sind verschiedene Ansätze möglich, was die folgende Auflistung exemplarisch zeigt.[260]

- Analyse des Bestellwerts nach Menge und Wert der Materialgruppen
- Analyse des Beschaffungsumsatzes nach Zahl der Lieferanten
- Analyse der Lieferantenrechnungen nach Zahl und Rechnungswerten

Im Anschluss an die Klassifizierung können Maßnahmen für die einzelnen Materialkategorien definiert werden. Die Maßnahmen betreffen etwa Fragen der Disposition, der Beschaffungsmarktforschung, der Bestellabwicklung oder der Inventur.[261] Die Grenzen für die Klasseneinteilung sind dabei beliebig. Es ist auch möglich, dass mehr oder weniger als drei Klassen gebildet werden, um eine feinere oder gröbere Einteilung der

---

[256] Vgl. Wagner/Weber (2007a), S. 33-34.
[257] Vgl. Dickie (1951), S. 92-94.
[258] Vgl. Wagner/Weber (2007a), S. 32.
[259] Vgl. Vollmuth (2006), S. 18.
[260] Vgl. Piontek (2004), S. 140.
[261] So ist es beispielsweise für A-Teile sinnvoll eine permanente Inventur durchzuführen, bei C-Teilen ist es hingegen ausreichend eine Stichprobeninventur durchzuführen. Im Rahmen der Bestellabwicklung sollten dem Kauf von A-Teilen intensive Preisverhandlungen vorausgehen, wohingegen die Beschaffung von C-Artikeln über Rahmenverträge organisiert werden kann.

Beschaffungsobjekte vorzunehmen. Folgende Tabelle zeigt die Charakteristika der einzelnen Materialkategorien.

Kategorie	Zusammensetzung
A-Teile	Geringer Mengenanteil, bei hohem Wertanteil
B-Teile	Mittlerer Mengenanteil, bei mittleren Wertanteil
C-Teile	Hoher Mengenanteil, bei geringem Wertanteil

Tabelle 5: Die ABC-Analyse.

Als problematisch ist im Rahmen der ABC-Analyse zu erachten, dass ausschließlich die Zusammenhänge zweier Größen untersucht werden können. Dabei wird lediglich die Ist-Situation dargestellt. Des Weiteren ist die klassische ABC-Analyse, mit einer Einteilung in drei Klassen, häufig zu grob. Speziell bei den B-Teilen ist eine feinere Einteilung wünschenswert.[262] Auch können qualitative Faktoren in der ABC-Analyse nicht berücksichtigt werden.

Der große Vorteil der ABC-Analyse liegt in seiner einfachen Anwendung und Auswertbarkeit. Die ABC-Analyse ist in vielen ERP-Systemen bereits implementiert und automatisiert. Sie ermöglicht eine anschauliche grafische Darstellung ihrer Ergebnisse in Form der Lorenzkurve. Durch die ABC-Analyse wird es der Beschaffungsführung ermöglicht, wesentliche Materialgruppen zu erkennen. Dadurch können die Beschaffungsaktivitäten effizienter gestaltet werden. Zudem lässt sich die ABC-Analyse sehr gut mit anderen Controlling-Instrumenten verknüpfen. Die Verknüpfung kann beispielsweise mit der XYZ Analyse erfolgen, die eine Klassifikation nach der Regelmäßigkeit des Verbrauchs vornimmt. So kann eine ABC-XYZ Matrix erstellt werden.[263] Auch mit dem im Folgenden vorgestellten Component-Chart ergänzt sich die ABC-Analyse. Aus den genannten

---

[262] Vgl. Erichsen (2011), S. 12.
[263] Vgl. Piontek (2004), S. 144. Zwei Extrem-Klassen der aus der ABC-XYZ Analyse resultierenden Matrix sind etwa CX- und AZ-Artikel. Die CX-Artikel sind durch geringere Verbrauchsschwankungen, einen hohen Mengenanteil und einen geringen Anteil an den Beschaffungskosten charakterisiert. Die gute Vorhersehbarkeit des Bedarfs ermöglicht regelmäßige, an die Produktion angepasste Bestellungen. Dadurch können Größen wie Lagerhaltungskosten, die Bestellkosten und das Risiko des Produktionsausfalls minimiert werden. AZ-Artikel werden dagegen durch einen geringeren Mengenteil, aber hohe Beschaffungskosten und große Verbrauchsschwankungen beschrieben. Die Unvorhersehbarkeit des Verbrauchs ermöglicht keine regelmäßigen Bestellungen, auch die Kapitalbindung wird im Fall einer längeren Lagerung von wertvollen A-Teilen zu groß. Somit lässt sich der Nachschub von AZ-Artikels am besten mit einer bedarfsbezogene Strategie realisieren.

Gründen wird die ABC-Analyse auch in Zukunft ein wesentliches Instrument des Beschaffungscontrollings bleiben, um vor dem Hintergrund steigender Beschaffungskomplexität und der weiteren Diversifikation des Beschaffungsprogramms, Prioritäten in der Beschaffung setzen zu können.

3.3.3 Beschaffungs-Benchmarking

Für die Beurteilung der Situation einer Unternehmung am Markt ist es wichtig, einschätzen zu können, inwieweit sich eigene Produkte und Prozesse von denen der Wettbewerber unterscheiden. An dieser Stelle setzt das Benchmarkig an. Das Benchmarking ist ein strategisches Instrument des Beschaffungscontrollings.[264] Der Benchmarking-Begriff ist in der Literatur auf vielfältige Weise definiert. Eine der ersten Definitionen stammt aus dem Hause der Xerox Cooperation, einem Unternehmen das als Pionier im Bereich des Benchmarkings angesehen werden kann.[265] Dort wird Benchmarking definiert als „der kontinuierliche Prozess, Produkte, Dienstleistungen und Praktiken zu messen gegen die stärksten Mitbewerber oder die Firmen, die als Industrieführer angesehen werden.“ [266] Dabei kann die Bezugsgröße abweichend von der Definition sowohl unternehmensextern- als auch unternehmensintern zu finden sein.

Ziel des Benchmarkings ist es, Leistungsabweichungen in Bezug auf ein Best-Practice Beispiel aufzudecken. Die Leistungsabweichung besteht dabei zumeist in Zeit-, Kosten- oder Qualitätsaspekten.[267] Außerdem sollen die Gründe für die Leistungsabweichung aufgezeigt und analysiert werden. Die Durchführung des Benchmarkings beginnt mit der Festlegung des Benchmark-Objektes oder Prozesses. Dabei müssen Kennzahlen definiert werden, die dem späteren Vergleich dienen. Im Anschluss daran erfolgt der Kennzahlenvergleich zwischen Benchmark und zu untersuchender Größe. Bestehen Abweichungen, gilt es zu analysieren, worin diese begründet liegen. Abschließend müssen die aus der Abweichungsanalyse gewonnenen Erkenntnisse im Unternehmen Anwendung finden. Dadurch soll die ermittelte Leistungsdifferenz beseitigt und damit das Leistungsniveau angeglichen werden.

---

[264] Vgl. Erichsen (2011), S. 226-230.
[265] Vgl. Horvárth (2012), S. 354.
[266] Camp (1994), S. 13.
[267] Vgl. Horvárth (2012), S. 356.

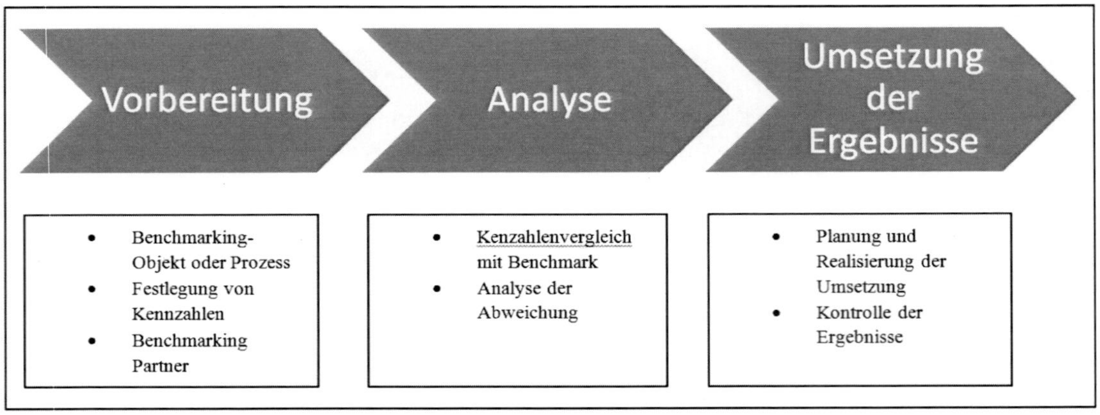

Vorbereitung	Analyse	Umsetzung der Ergebnisse
• Benchmarking-Objekt oder Prozess • Festlegung von Kennzahlen • Benchmarking Partner	• Kenzahlenvergleich mit Benchmark • Analyse der Abweichung	• Planung und Realisierung der Umsetzung • Kontrolle der Ergebnisse

Abbildung 10: Der Prozess des Beschaffungs-Benchmarkings.

Das Beschaffungs-Benchmarking ist ein zeit- und kostenaufwendiges Instrument des Beschaffungscontrollings. Da versucht wird ein Best Practice Beispiel aufzufinden und zu imitieren, kann maximal mit der Benchmark gleichgezogen werden.[268] Ein echter Wettbewerbsvorteil wird also nicht generiert. Oftmals sind die gesetzten Benchmarks aufgrund abweichender Unternehmensstrukturen und Kulturen nicht analog auf das eigene Unternehmen übertragbar. Werden als Benchmark Wettbewerber herangezogen, so gestaltet es sich außerdem als äußerst schwierig bis unmöglich, Einblicke in betriebliche Prozesse zu erhalten.

Dennoch ist es mit Hilfe des Benchmarkings möglich, sowohl inner- als auch außerbetriebliche Verbesserungspotentiale aufzudecken. So kann ein Stärken- und Schwächenprofil des eigenen Unternehmens erstellt werden. Ein Veränderungs- und Anpassungsdruck wird generiert, der Wettbewerbsnachteile unterbinden soll. Es wird eine Anpassungs- und Lernkultur im eigenen Unternehmen implementiert. Die gesetzte Benchmark bildet gleichfalls ein klares Ziel, das es mindestens zu erreichen gilt. Dem Benchmarking kann somit eine starke Motivationsfunktion zugesprochen werden. Die in Abschnitt 3.2.6 dargestellte Untersuchung von Kaluza zeigt, dass dem Beschaffungsmanagement Benchmarking-Informationen nur unzureichend zur Verfügung stehen. Das Beschaffungsmanagement wünscht sich also eine umfassendere Informationsversorgung durch das Benchmarking. Deshalb ist davon auszugehen, dass der Einsatz des Benchmarkings als Controlling-Instrument in der Beschaffung weiter zunehmen wird.

---

[268] Vgl. Horvárth (2012), S. 355.

3.3.4 Component-Chart

Das Component-Chart ist ein strategisches, marktorientiertes Instrument des Beschaffungscontrollings. Sie dient zur Bestimmung der notwendigen Kooperationsintensität zwischen Abnehmer und Lieferanten. Durch das Component-Chart können Tendenzaussagen zum Kooperationsbedarf für unterschiedliche Beschaffungsobjekte getroffen werden.[269] Dabei besteht die Möglichkeit auf folgende Faustregel zurückzugreifen: Je höher die Spezifität[270], die technologische Komplexität und das wirtschaftliches Gewicht der Beschaffungsobjekte ist, desto mehr gewinnt eine enge Kooperation zwischen Abnehmer und Lieferanten an Bedeutung. Ein enges, partnerschaftliches Verhältnis ist in diesem Fall besonders während der Produktentwicklung anzustreben.[271] Dieses kann etwa durch Lieferantenschulungen, das Abschließen langfristiger Lieferverträge, Einkaufskooperationen oder die Zusammenarbeit bei F&E-Projekten realisiert werden. Sind die Spezifität, die technologische Komplexität und das wirtschaftliche Gewicht der Beschaffungsobjekte hingegen niedrig, so ist es auch der Kooperationsbedarf. In diesem Fall ist ein traditionelles, preisorientiertes Beschaffungsverhalten angebracht.[272] Es wird schlicht der kostengünstigste Lieferant ausgewählt.

Die Ergebnisse des Component-Chart Analyse können anschaulich in einem Diagramm dargestellt werden. Dabei wird die Spezifität eines Beschaffungsobjektes auf der Ordinate über der technologischen Komplexität auf der Abszisse abgetragen.[273] Die Bewertung beider Größen kann über ein Scoring-Modell erfolgen.[274] Das wirtschaftliche Gewicht der einzelnen Beschaffungsobjekte wird durch Kreise mit unterschiedlichen Radien signalisiert.[275] Um das wirtschaftliche Gewicht zu bestimmen, bietet sich im Vorfeld der Erstellung des Component-Chart die Durchführung einer ABC-Analyse an. Beide Verfahren lassen sich folglich gut kombinieren. Des Weiteren ergänzt das Component-Chart die Beschaffungsmarkt-Objekt-Matrix.[276]

---

[269] Vgl. Kaufmann/Thiel/Becker (2005), S .9.
[270] Die Spezifität ist hier im Sinne einer kundenindividuellen Anpassung zu verstehen.
[271] Vgl. Wynstra/ten Patrick (2000), S. 53.
[272] Vgl. Kaufmann/Thiel/Becker (2005), S. 9.
[273] Vgl. Kaufmann (1995), S. 275-291.
[274] Vgl. dazu Abb. 12.
[275] Je größer der Kreisinhalt, desto bedeutender das Beschaffungsobjekt. In der Darstellung existieren drei Klassen. Dies entspricht den Ergebnissen der Auswertung einer klassischen ABC-Analyse.
[276] Vgl. Kaufmann/Thiel/Becker (2006), S. 127. In der Beschaffungsmarkt-Objekt–Matrix (BOM) wird die Lieferanten-Rivalität über der bereits beschriebenen Spezifität abgetragen. Auch anhand der BOM können dann Aussagen über die notwendige Kooperationsintensität getroffen werden. Bei hoher Spezifität und niedrigem Rivalitätsniveau der Lieferanten ist eine partnerschaftliche Lieferantenbeziehung anzustreben. Bei niedriger Spezifität und hoher Rivalität ist hingegen die eigene Überlegenheit in Form von preisorientierten Verhandlungen ohne enge Lieferantenbindung auszunutzen. Die BOM erlaubt des Weiteren Einschätzungen

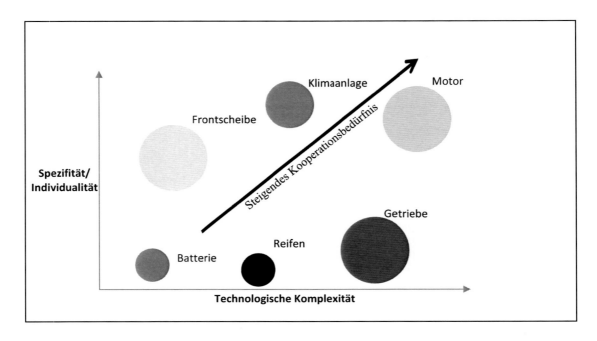

Abbildung 11: Das Component-Chart.[277]

Bei der Erstellung der Component-Chart können Schwierigkeiten entstehen, wenn im Rahmen der Spezifitäts- und Komplexitätsbewertung falsche Annahmen getroffen werden.[278] Deshalb ist es von äußerster Wichtigkeit, beide Kenngrößen exakt zu bewerten. Erfolgt die Bewertung der beiden Kenngrößen entsprechend den tatsächlichen Gegebenheiten, so kann das Component-Chart sein volles Potential entfalten.

Durch den steigenden Kostenanteil der Beschaffungs- an den Gesamtkosten in Folge vermehrten Outsourcings und der verstärkten Notwendigkeit der Lieferantenintegration kommt der Gestaltung der Lieferantenbeziehungen in Zukunft eine immer wichtigere Bedeutung zu. Vor diesem Hintergrund dürfte das Component-Chart als Instrument des Beschaffungscontrollings an Bedeutung gewinnen. Sie unterstützt dabei die strategische Ausrichtung der objektspezifischen Lieferantenbeziehungen auf einfache und anschauliche Art. Darüber hinaus lässt sich das Component-Chart gut mit bewährten und häufig angewendeten Instrumentarien wie der ABC-Analyse verknüpfen. Die ermittelte Spezifität kann desweiteren Anwendung bei der Erstellung einer BOM finden.

darüber, in welchen Maß einzelne Beschaffungsobjekte zur Erreichung der Gesamtunternehmensstrategie beitragen. Vgl. Kaufmann/Thiel/Becker (2006), S. 127

[277] Vgl. Kaufmann/Thiel/Becker (2005), S. 9. Beispielhafte Darstellung des Component-Charts anhand eines Automobilherstellers.

[278] Dies ist ein grundsätzliches Problem jeder Bewertung. Es ist deshalb auf möglichst große Objektivität bei der Bewertung zu achten. Grundlage hierfür ist das Vorhandensein von klar definierten Kennzahlen, die eine exakte Bewertung von Spezifität und technologischer Komplexität erlauben.

3.3.5 Beschaffungs-Balanced-Scorecard

Der Balanced-Scorecard (BS) Ansatz ist ein Resultat der Arbeiten von Robert S. Kaplan und David P. Norton zu Beginn der 90er Jahre. Sie wurde 1992 in der Harvard Business Review vorgestellt.[279] Die BS wird eingesetzt, um übergeordnete strategische Ziele eines Unternehmens in operative monetäre und nicht-monetäre Ziele zu transformieren und.[280] Sie dient letztlich der Strategieumsetzung, und kann als Strategie orientiertes Steuerungssystem verstanden werden. Die Ausgewogenheit[281] des BS-Ansatzes resultiert dabei aus der Berücksichtigung von kurz- und langfristigen Zielen, monetären und nicht monetären Kennzahlen, Spät- und Frühindikatoren sowie externen und internen Perspektiven.[282]

Die Beschaffungs-Balanced-Scorecard (BBS), als eine funktionsbereichsbezogene Form der BS, ist auf die Transformation strategischer in operative Beschaffungsziele und damit auf die Umsetzung der Beschaffungsstrategie spezialisiert. Sie ist also eine Adaption der BS auf den Bereich der Beschaffung. Im Rahmen der BBS wird -wie auch in der BS- davon ausgegangen, dass die Beschaffungsleistung nur aus mehreren Perspektiven messbar ist. Die Perspektiven der BBS werden in Literatur und Praxis zum Teil unterschiedlich definiert, zumeist wird aber von der Prozess-[283], der Lieferanten-[284], der Finanz-[285]und der Potenzialperspektive [286]ausgegangen.[287] Zu jeder der ausgewählten Perspektiven werden strategische Ziele definiert, welche wiederrum durch ausgewählte KPI's operationalisiert und messbar gemacht werden. Des Weiteren werden für jede der definierten KPI's angestrebte Werte angegeben (Target values), welche im Rahmen der Erfolgskontrolle als Vergleichswerte für die Effektivitätsmessung herangezogen werden können. Durch dieses Prinzip ermöglicht die BBS das „management by objectives", d. h. das Führen von Mitarbeitern über Kennzahlen, Ziele, Maßnahmenpläne sowie Soll-Ist Vergleiche.[288] Bislang findet die BBS in der betriebswirtschaftlichen Literatur nur wenig Beachtung.[289] Die ebenfalls geringe Anwendungsquote in der Praxis resultiert nicht zuletzt aus der oftmals unzureichend

---

[279] Vgl. Kaplan/Norton (1992), S. 72-79.
[280] Vgl. Kaufmann/Thiel/Becker (2005), S. 13.
[281] Dies findet Ausdruck in dem Wort Balance.
[282] Vgl. Kaplan/Norton (1997), S. VII.
[283] Als Leistungsindikatoren der Prozessperspektive kann etwa die Bestellabwicklungszeit oder die Prüfzeit im Wareneingang herangezogen werden.
[284] Als Leistungsindikatoren der Lieferantenperspektive kann etwa die Termintreue, die Liefertreue oder die Rahmenvertragsquote herangezogen werden.
[285] Als Leistungsindikatoren der Finanzperspektive können etwa die Beschaffungskosten oder die Bestandkosten herangezogen werden.
[286] Als Leistungsindikatoren der Potenzialperspektive können etwa die Altersstruktur, die Schulungskosten oder der Krankenstände der Beschaffungsmitarbeiter herangezogen werden.
[287] Vgl. Janßen (2009), S.16; Kaufmann/Thiel/Becker (2005), S. 13; Piontek (2004), S. 224.
[288] Vgl. Piontek (2004), S. 223-228.
[289] Vgl. Kaufmann/Thiel/Becker (2005), S. 13.

formulierten und dokumentierten Beschaffungsstrategie. Diese ist jedoch wie bereits erläutert Voraussetzung für die Erstellung einer BBS.[290]

Bei der Erstellung und Implementierung der BBS kommt es häufig zu Schwierigkeiten. Aktuell stößt sie bei den Mitarbeitern oftmals auf Widerstand[291], was zu Motivationsverlusten führt. Auch das Management zeigt sich bislang wenig interessiert an der Erstellung einer BBS.[292] Dies liegt nicht zuletzt an bestehenden Schwierigkeiten bei der Auswahl und Implementierung eines geeigneten Kennzahlensystems auf dem die Erfolgskontrolle und somit auch die Beurteilung der Mitarbeiter und des Managements beruhen.[293]

Trotzdem kann mit Hilfe der BBS eine schwierige Aufgabe bewältigt werden: Der Lückenschluss zwischen der Formulierung einer Strategie und ihrer Umsetzung in operative Maßnahmen. Die Beschaffungsstrategie wird durch die BBS transparent gemacht. Sie unterstützt den Beschaffungsmanager bei der Strategieumsetzung durch klar definierte Ziele, Maßnahmenpläne und Leistungsindikatoren.[294] Dabei erfolgt eine ganzheitliche Betrachtung der Beschaffungsleistung aus mehreren Perspektiven, was einen großen Vorteil im Vergleich zu vielen anderen Instrumenten des Beschaffungscontrollings darstellt. Die Untersuchung von Kaluza[295] zeigt, dass die Bedeutung der BBS deren derzeitige Anwendung in der Unternehmenspraxis weit übersteigt.[296] Vor dem Hintergrund des vermehrten Auftretens strategischer Fragestellungen im Beschaffungsbereich dürften in Zukunft sowohl die Akzeptanz als auch der Einsatz der BBS signifikant zunehmen. Die folgende Tabelle zeigt den Auszug aus einer BBS.

---

[290] Vgl. Wagner/Weber (2007a), S. 34.
[291] Vgl. Kaufmann/Thiel/Becker (2005), S. 14.
[292] Vgl. Wagner/Kaufmann (2004), S. 275.
[293] Vgl. Shao/Mohr/Henke (2008), S. 26.
[294] Vgl. Piontek (2004), S. 223-228.
[295] Vgl. dazu Abschnitt 3.2.6.
[296] Vgl. Kaluza (2010), S. 153.

Perspectives	Strategic objectives	Selected KPI	Target values
Financials	Substantial and continious savings	• Quarterly savings through commodity management (in Euro)	
	Reduced assets	• Reduced assets through SCM measures (in Euro)	
Processes	Consistent supplier management	• No. of defined supplier management processes • Degree of implementation of common supplier monitoring tool s(% of SBUs)	
	Sustained (Make-or)-buy decisions (for direct material)	• Outsourced manufacturing and assembling hours related to total hours required (absolute and %)	
Potentials	Efficient worldwide network	• Numbers of SBUs integrated in commodity management • Number of meetings held	
	Improved SCM skills	• Number of training days • Number of topics covered by training	
Suppliers	Early involved suppliers	• Number of joint (with suppliers) development projects	
	Lean, differentiated and global supplier base	• Number of suppliers on group, divisional and SBU level • Number of strategic partners	

Tabelle 6: Auszug aus einer Beschaffungs-Balanced-Scorecard.[297]

---
[297] Vgl. Wagner/Kaufmann (2004), S. 272.

3.3.6 Supply-Chain-Portfolio

Das Supply-Chain-Portfolio (SCP) wird immer öfter im Beschaffungscontrolling angewendet, um wichtige Informationen über die Lieferantenkette zur Verfügung zu stellen. Ihr Fokus liegt nicht auf inner- sondern auf interbetrieblichen Fragestellungen. Die Grundidee des SCP-Ansatzes ist, die wirksame Steuerung der Lieferantenkette zu ermöglichen. Da eine Lieferantenkette nur so stark ist wie ihr schwächstes Glied, müssen zwei zentrale Informationen erarbeitet werden. Zum einen ist es notwendig Stärken sowie Schwächen der bestehenden Supply-Chain abzuleiten, um daraus die Belastbarkeit einzelner Kettenmitglieder ermitteln zu können. Zum anderen müssen die auf die Supply-Chain wirkenden Beanspruchungen ermittelt werden. Danach erfolgt die Aufklärung des Beschaffungsmanagements darüber, ob die Belastbarkeit der Supply-Chain den bestehenden Beanspruchungen gewachsen ist. Bestehen Divergenzen zwischen Belastbarkeit und Beanspruchung, so muss das Beschaffungsmanagement durch anpassende Maßnahmen eingreifen.[298]

Die Beanspruchung einer Lieferantenkette resultiert primär aus der Beschaffungsmarktumwelt.[299] Sie setzt sich insbesondere aus den vier Einflussfaktoren[300] *Dynamik, Komplexität, Macht(verhältnisse),* sowie *Internationalität* zusammen.[301] Die *Dynamik* beschreibt beschaffungsrelevante Diskontinuitäten. So liegen etwa bei stark schwankender Nachfragemenge eine hohe Dynamik und damit auch eine hohe Beanspruchung der Supply-Chain vor.[302] Die *Komplexität* beschreibt insbesondere die technologische Komplexität. Die technologische Komplexität korreliert zumeist mit der Anzahl der Komponenten eines Produktes und dadurch oftmals indirekt mit der Länge der Supply-Chain. Je länger die Supply-Chain ist, desto größer ist die Ausfallwahrscheinlichkeit eines Kettengliedes und desto bedeutender ist das Risikomanagement. Die *Machtverhältnisse* sind ein wichtiger Faktor, um den Handlungsspielraum im Abnehmer-Lieferanten Verhältnis abschätzen zu können. Dabei stellt sich insbesondere die Frage, wie der Marktdruck trotz eines kooperativen Zusammenwirkens aufrechterhalten werden kann.[303] Die *Internationalität* beschreibt schließlich sowohl die Anzahl der potenziellen Bezugsländer als auch die geographische sowie kulturelle Distanz zwischen Zulieferer und Abnehmer.

---

[298] Vgl. Kaufmann/Thiel/Becker (2005), S. 11.
[299] Vgl. auch in Abschnitt 3.1.
[300] Vgl. Kaufmann/Thiel/Becker (2006), S.128; Kaufmann/Thiel/Becker (2005), S. 12.
[301] Der Faktor „Internationalität" wird auch als Distanz bezeichnet.Vgl. Kaufmann/Thiel/Becker (2006), S. 128.
[302] Die Dynamik lässt sich etwa mit Hilfe einer XYZ Analyse einschätzen.
[303] Vgl. Kaufmann/Thiel/Becker (2005), S. 12.

Die Belastbarkeit wird im Wesentlichen durch die vier Faktoren *Vertrauensniveau* innerhalb der Supply-Chain, die *informationsflussbezogene Robustheit*, die *wirtschaftliche Stabilität* der Lieferanten sowie die *materialflussbezogene Robustheit* determiniert.[304] Das *Vertrauensniveau* beschreibt die Beziehung zwischen den einzelnen Mitgliedern der Supply-Chain. Ein hohes Vertrauensniveau resultiert beispielsweise aus dem Austausch wahrheitsgemäßer Produktinformationen oder der Unterlassung opportunistischen Verhaltens aufgrund kurzfristig auftretender Marktsituationen. Die *informationsflussbezogene Robustheit* kennzeichnet die Güte der Ausgestaltung der zur Interaktion notwendigen Informations- und Kommunikationssysteme. Je kompatibler und qualitativ hochwertiger dieses System ausgestaltet ist, desto höher kann die informationsflussbezogene Robustheit eingeschätzt werden. Die *wirtschaftliche Stabilität* der Lieferanten beschreibt die Ausfallwahrscheinlichkeit eines Lieferanten. Die Einschätzung der wirtschaftlichen Stabilität gewinnt im internationalen Lieferantenmanagement, speziell bei Partnern aus wirtschaftlich oder politisch instabilen Ländern an Bedeutung. Die *materialflussbezogene Robustheit* beantwortet schließlich primär die Frage, ob eine plötzliche oder kurzfristige Mehrnachfrage quantitativ und qualitativ beherrscht werden kann. Sowohl die Belastbarkeit als auch die Beanspruchung können anhand eines Scoring-Modells bewertet werden, das den einzelnen Faktoren Punkte zuordnet. Die Gewichtung zwischen den Faktoren ist dabei flexibel.[305] Nachdem die Beanspruchung und die Belastbarkeit der Supply-Chain ermittelt sind, kann das Ergebnis im SCP abgetragen werden.

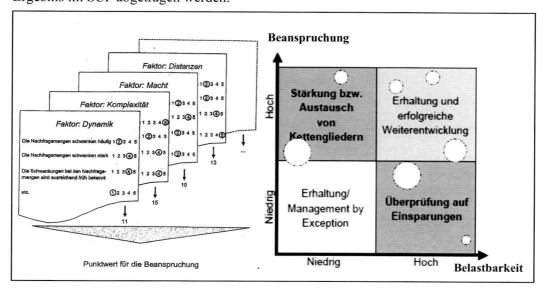

Abbildung 12: Scoring Modell und das Supply-Chain Portfolio.[306]

---

[304] Vgl. Kaufmann/Thiel/Becker (2006), S. 128; Kaufmann/Thiel/Becker (2005), S. 12.
[305] Vgl. Kaufmann (2002), S. 9.
[306] Vgl. Kaufmann (2002), S. 9.

Bei entsprechender Einteilung der Portfolio-Bereiche lassen sich Normstrategien für das Supply-Chain-Management ableiten. Sind Beanspruchung und Belastbarkeit gleich groß, so muss sich das Lieferantemanagement auf die Erhaltung der Zulieferkette konzentrieren. Bestehen Divergenzen zwischen beiden Größen, so müssen Anpassungsmaßnahmen durch die Beschaffungsführung eingeleitet werden.

Schwierigkeiten im Zusammenhang des Supply-Chain Portfolios entstehen dadurch, dass lediglich Normstrategien für die Lieferantenkette erarbeitet werden können. Daher muss dem Beschaffungsmanagement bewusst sein, dass es sich nicht um das Endprodukt des Strategiebildungsprozesses handelt, sondern lediglich um ein Grundgerüst auf dem die weitere Strategieplanung aufbaut.[307] Auch die Bewertung der Belastbarkeit bzw. der Beanspruchung birgt Gefahren und hat mit äußerster Gründlichkeit zu erfolgen, da das gesamte Konzept des Supply-Chain-Portfolios auf dieser anfänglichen Bewertung aufbaut.

Äußerst positiv ist am Supply-Chain Portfolios zu bewerten, dass ein großer Abschnitt der Lieferantenkette auf strategische Fragestellungen hin untersucht wird. Es wird möglich Risiken in der Supply-Chain zu erkennen und zu beseitigen. Das Supply-Chain-Portfolio stellt dabei ein einfaches und effektives Instrument dar, um ein komplexes Gesamtproblem zu zerlegen. Es eignet sich durch seine einfache graphische Darstellung dazu, die Kommunikation und das Verständnis innerhalb der Supply-Chain zu fördern. Des Weiteren ist es flexibel und kann sowohl Unternehmens- als auch Zulieferungsketten spezifisch zugeschnitten werden. Dabei können die in die Achsenbewertungen einfließenden Faktoren dazu genutzt werden, relevante Steuerungsgrößen abzuleiten.[308]

---

[307] Vgl. Kaufmann (2002), S. 13.
[308] Vgl. Kaufmann (2002), S. 13.

4. Zusammenfassung und Ausblick

Die Beschaffung ist sowohl in der Literatur als auch in der Praxis ein immer noch zu wenig behandeltes Themengebiet.[309] Dabei gewinnen Beschaffungsfragen und damit auch das Beschaffungsmanagement branchenübergreifend an Bedeutung. Im Jahr 2010 betrugen die Materialkostenanteile in vielen Unternehmen über 50% des Umsatzes.[310] Eine Reduktion der Beschaffungskosten hat somit unmittelbaren Einfluss auf den Unternehmenserfolg. Der Einsatz des Beschaffungscontrollings zur Sicherung einer effizienten Beschaffungsorganisation wird daher zunehmend wichtiger.

Die Basis für die Realisierung von Beschaffungserfolgen bildet seine instrumentale Ausgestaltung, wobei hierin gleichzeitig eine der größten Herausforderungen für die Unternehmen zu sehen ist. So stellt ein instrumental an die unternehmensspezifischen Anforderungen angepasstes Beschaffungscontrolling eine Vielzahl von Unterstützungsfunktionen für die Beschaffungsführung bereit. Es versorgt das Beschaffungsmanagement mit beschaffungsrelevanten Informationen und begleitet den Management-Prozess aus Planung, Kontrolle und Steuerung. Im Rahmen der Informationsversorgung ist das Beschaffungscontrolling für die Implementierung und Ausgestaltung eines Informationsversorgungssystems verantwortlich, das dem Beschaffungsmanagement alle entscheidungsrelevanten, unternehmensexternen und unternehmensinternen Informationen zur Verfügung stellt. In diesem Zusammenhang sorgt das Beschaffungscontrolling für die Harmonisierung zwischen Informationsnachfrage und Informationsangebot, um eine schnelle Reaktions- und Adaptionsfähigkeit der Beschaffungsführung zu gewährleisten. Im Rahmen der Planungsfunktion unterstützt das Beschaffungscontrolling das Beschaffungsmanagement bei der Ziel-, Strategie-, und Maßnahmenplanung und hilft bei deren strukturierten Umsetzung. Im Rahmen der Prämissen-, Umsetzungs- und Maßnahmenkontrolle sorgt das Beschaffungscontrolling für eine Effektivitätsmessung und analysiert bestehende sowie prognostizierte Soll-Ist-Abweichungen auf ihre Ursache hin. Durch das Aufzeigen von Verbesserungspotentialen unterstützt das Beschaffungscontrolling letztlich das Beschaffungsmanagement im Rahmen seiner Steuerungsfunktion bei der Identifizierung und Eliminierung bestehender Zielabweichungen. Das Beschaffungscontrolling ist somit der Lotse der Beschaffungsführung zur effizienten

---

[309] Vgl. Tschandl/Schentler (2010), Vorwort.
[310] Vgl. Wagner/Weber (2007a), S. 51.

Erreichung der Beschaffungsziele und leistet einen wichtigen Beitrag zum Beschaffungs- und damit auch Unternehmenserfolg.

Durch das Beschaffungscontrolling wird vor allem das Management der Material und Güterflüsse, des innerbetrieblichen Beschaffungsbereichs, der Zahlungsmittelströme, der Lieferanten und des Beschaffungsprogramms unterstützt.[311] Aktuelle Beiträge aus der Wissenschaft zeigen jedoch, dass sowohl der Einsatz[312], der Funktionsumfang[313] als auch die Handlungsfelder[314] des Beschaffungscontrollings weiter ausgebaut werden sollten. Des Weiteren ist eine zu starke Kostenfokussierung des Beschaffungscontrollings zu beobachten. Die Messung der Beschaffungsleistung wird hingegen nur unzureichend unterstützt.[315] Ausgehend von diesen Erkenntnissen stellt sich die Frage, wie die Zukunft des Beschaffungscontrollings aussieht, und welche Funktionen und Instrumente einen Bedeutungszuwachs erfahren werden. Einige grundsätzliche Tendenzen zeichnen sich bei der Beantwortung dieser Fragestellung ab.

Durch den immer weiter ansteigenden Anteil der Kosten für die Beschaffung von Produkten und Dienstleistungen an den Gesamtkosten der Unternehmen wird die Bedeutung eines funktionierenden Beschaffungscontrollings weiter zunehmen.[316] Das Beschaffungscontrolling muss sich dabei den neuen Herausforderungen auf den Beschaffungsmärkten und deren Umfeld stellen.[317] Um weiterhin Einsparungen erzielen zu können und dabei gleichzeitig die Leistung der Beschaffung zu verbessern, müssen sich die Funktionen des Beschaffungscontrollings in Zukunft auf weitere Handlungsfelder ausdehnen.[318] Auch bisher unbeachtete Beschaffungsobjekte sind zu berücksichtigen, um das gesamte Beschaffungsportfolio auf seine Potentiale hin auszuschöpfen.[319] Das Beschaffungscontrolling muss sich dabei im Sinne des Supply-Chain Managements stärker mit anderen betrieblichen Funktionen wie der F&E, der Produktion und dem Vertrieb vernetzen um Beschaffungstätigkeiten besser koordinieren zu können.[320] Auch eine stärkere Vernetzung, Koordination und Kooperation mit den am Wertschöpfungsprozess beteiligten Lieferanten über den gesamten Produktlebenszyklus hinweg, gilt es anzustreben.[321] Das

---

[311] Vgl. Tschandl/Schentler (2010), S. 36-39.
[312] Vgl. o.V. (2012a), S. 7.
[313] Vgl. Kaluza (2010), S. 144-147.
[314] Vgl. Tschandl/Schentler (2010), S. 39.
[315] Vgl. Buchholz (2002), S. 380.
[316] Vgl. Kaufmann/Thiel/Becker (2005), S. 17.
[317] Vgl. Trends in der Beschaffung in Abschnitt 3.2.7.
[318] Vgl. Wagner/Weber (2007a), S. 51.
[319] Vgl. Wagner/Weber (2007a), S. 51.
[320] Vgl. Wagner/Weber (2007a), S. 51.
[321] Vgl. Kaufmann/Thiel/Becker (2005), S. 18.

Beschaffungscontrolling sollte dabei durch ein abgestimmtes Supplier-Relationship-Controlling ergänzt werden.[322] Es ist wichtig, zu erkennen, dass Möglichkeiten zur Kostenreduktion nicht allein am Verhandlungstisch liegen. Die Verbesserung der Logistikprozesse an der Schnittstelle zum Lieferanten oder die frühzeitige Beeinflussung der Materialkosten im Produktentwicklungsprozess können dafür als Beispiele herangezogen werden. Beschaffungsaufgaben gewinnen dadurch an Komplexität und an strategischer Bedeutung.[323] In diesem Zusammenhang gilt es zu bemängeln, dass das strategische Beschaffungscontrolling betreffende Probleme in der Literatur bislang zu wenig Aufmerksamkeit erfahren.[324]

Durch die dargestellten Entwicklungen, müssen Beschaffungsaufgaben von hierarchisch höheren Ebenen beachtet und thematisiert werden. Die geänderten Funktionen des Beschaffungscontrollings bedürfen dabei einer entsprechenden instrumentellen Unterstützung. Es sollten vermehrt Instrumente mit Supply-Chain und Lieferanten-Fokus zum Einsatz kommen und die traditionellen, innerbetrieblich orientierten Instrumente ergänzen. Auch Controlling-Instrumente, die strategische Beschaffungsentscheidungen unterstützen, müssen in Zukunft an Bedeutung gewinnen. Hierzu gehören etwa die in Kapitel 3.3.4 bis 3.3.6 dargestellten Component-Chart, Beschaffungs-Balanced-Scorecard sowie Supply-Chain-Balanced-Scorecard. Aber auch traditionelle, bereits heute häufig zur Anwendung kommende Controlling-Instrumente, wie die in Abschnitt 3.3.1 bis 3.3.3 dargestellte Lieferantebeurteilung, ABC-Analyse und das Beschaffungs-Benchmarking werden weiterhin eine wichtige Rolle spielen um das Beschaffungscontrolling bei seiner vielschichtigen Funktionserfüllung zu unterstützen.

Insbesondere in drei Bereichen des Beschaffungscontrollings besteht weiterhin großer Forschungsbedarf. Um Beschaffungserfolge und damit die Leistung der Beschaffung besser messbar zu machen, muss die Entwicklung ganzheitlicher, unternehmensspezifischer KPI-Systeme vorangetrieben werden.[325] Im Zusammenhang der Evaluation der Funktionserfüllung wäre es wünschenswert, eine empirisch fundierte Datengrundlage zu schaffen, um bestehende Schwachstellen des Beschaffungscontrollings bezüglich seiner Unterstützungsfunktionen für die Beschaffungsführung ermitteln zu können. Im Rahmen der instrumentalen Ausgestaltung kommt es heute, wie auch in Zukunft, nicht auf die bloße Anzahl, sondern auf den richtigen

---

[322] Vgl. Wagner/Weber (2007b), S. 16.
[323] Vgl. Thiel (2011), S. 7.
[324] Vgl. Piontek (2004), S. 46.
[325] Vgl. Shao/Mohr/Henke (2008), S. 26.

und richtig abgestimmten Einsatz der Beschaffungscontrolling-Instrumente an.[326] Es existiert bislang jedoch noch keine Methodik, die eine systematische Auswahl von Instrumenten anhand von Rahmenbedingungen und Anforderungen zulässt.[327] Die Entwicklung einer solchen Methodik wäre eine wichtige Basis zur Realisation zukünftiger Beschaffungs- und damit auch Unternehmenserfolge.

---

[326] Vgl. Wagner/Weber (2007a), S. 52
[327] Vgl. Tschandl/Schentler (2010), S. 41.

5. Literaturverzeichnis

Arnold, U. (1997). Beschaffungsmanagement (2. Ausg.). Stuttgart.

Arnolds, H.; Heege, F. & Tussing, W. (2001). Materialwirtschaft und Einkauf (10. Ausg.). Wiesbaden.

Baier, P. (2002). Führen mit Controlling (2. Ausg.). Regensburg.

Baier, P. (2008). Praxishandbuch Controlling (2. Ausg.). München.

Bornemann, H. (1987). Controlling im Einkauf. Wiesbaden.

Bloech, J.; Bogaschewsky, R.; Götze, U. & Roland, F. (1993). Einführung in die Produktion (2. Ausg.). Heidelberg.

Brink, H. & Seidel, T. (1990). Strategische Beschaffungsstrukturen in der Automobilindustrie unter besonderer Berücksichtigung Japans. In : T. J. Dams (Hrsg.): Beiträge zur Gesellschafts- und Wirtschaftspolitik - Grundlagen-Empirie-Umsetzung, Festschrift für Kunihiro Jojima zum 70. Geburtstag, Berlin 1990, S. 191-205.

Buchholz, W. (1999). Leistungsmessung in der Beschaffung. In: BA-Beschaffung Aktuell, 46. Jg., Heft 12, S. 52-54.

Buchholz, W. (2002). Messung und Darstellung von Beschaffungsleistungen. In: Schmalenbachs Zeitschrift für betriebswirtschaftliche Forschung (ZfbF), 54. Jg., Heft 6, S. 363-380.

Buck, T. (1998). Konzeption einer integrierten Beschaffungskontrolle. Wiesbaden.

Camp, R. C. (1994). Benchmarking. München/Wien.

Corsten, H. & Gössinger, R. (2004). Beschaffungscontrolling. In: Grob et. al. (Hrsg.): Controlling, München 2004, S. 197-252.

Dechêne, C. (2008). Einkäuferträume erfüllen. In: BA-Beschaffung aktuell, 55. Jg., Heft 12, S. 42.

Deyhle, A. & Steigmeier, B. (1993). Controller und Controlling. Bern.

Dickie, H. F. (1951). ABC Inventory Analysis Shoots for Dollars, not Pennies. In: Factory Management and Maintenance, 109. Jg., Heft 6, S. 92-94.

Disselkamp, M. & Schüller, R. (2004). Lieferantenrating, Instrumente, Kriterien, Checklisten. Wiesbaden.

Erichsen, J. (2011). Controlling Instrumente von A-Z, (8. Ausg.). Freiburg.

Espich, G. (2003). Erfolg wird erst an der Messlatte sichtbar. In: BA-Beschaffung Aktuell, 50. Jg., Heft 6, S. 42.

Espich, G. (2004). III Controlling: Best Practice in Purchasing Performance Measurement. In: Bundesverband Materialwirtschaft, Einkauf und Logistik e.V. (Hrsg.): Best Practice in Einkauf und Logistik. Erfolgsstrategien der Top-Entscheider Deutschlands, Wiesbaden 2004, S. 89-101.

Förstl, K. (2012). Der vernetzte Supply-Manager. In: Supply-Die Partner des Einkaufs, Heft 1, S. 23-27.

Friedl, B. (2003). Controlling. Stuttgart.

Friedl, B. (1990). Grundlagen des Beschaffungscontrollings. Berlin.

Giese, A. & Trockel, J. (2009). Beschaffungscontrolling. In: Controlling, 21. Jg., Heft 3, S. 191-193.

Glantschnig, E. (1994). Merkmalsgestützte Lieferantenbewertung. Köln

Göpfert, I. (2005). Logistik-Führungskonzeption- Gegenstand, Aufgaben und Instrumente des Logistikmanagements und -controllings (2. Ausg.). München.

Grochla, E. & Schönbohm, P. (1980). Beschaffung in der Unternehmung. Einführung in eine umfassende Beschaffungslehre. Stuttgart.

Hahn, D. & Hugenberg, H. (2001). PuK - Wertorientierte Controllingkonzepte: Planung und Kontrolle - Planungs- und Kontrollsysteme - Planungs- und Kontrollrechnung (6. Ausg.). Wiesbaden.

Halusa, M. (1996). Supply-Management-Controlling- Ein aktivitäts- und kooperationsorientierter Ansatz. Bamberg.

Hamann, P. & Lohrberg, W. (1986). Beschaffungsmarketing. Stuttgart.

Herrmann, M. & Schatz, A. (2011). Supply Chain Risk Management – Relevanz und Handlungsbedarf. In: Zeitschrift für wirtschaftliche Fabrikbetriebe , 106. Jg., Heft 5, S. 301-305.

Hofbauer, G. & Bauer, C. (2005). Gezieltes Zusammenwirken von Absatz und Einkauf. Mehr Wert durch Beschaffungsmarketing. In: BA-Beschaffung aktuell, 52. Jg., Heft 6, S. 24.

Horvárth, P. (2011). Controlling (12. Ausg.). München.

Huber, W. & Oehm, M. (2006): Lieferantenmanagement auf Basis einer Serviceorientierten Architektur. In: Supply Chain Management, Bd. 6, Nr. 3, S. 49-55.

Janßen, C. (2009). Balanced Scorecard im Mittelstand. In: Controller Magazin, 34. Jg., Heft 6, S. 16-21.

Jahns, C. (2005). Supply Management. St. Gallen.

Jung, H. (2011). Controlling (3. Ausg.). München.

Kaluza, C. (2010). Konzeption eines erfolgsorientierten Beschaffungscontrollings (2. Ausg.). München.

Kaplan, R. S. & Norton, D. P. (1997). Balanced Scorecard. Strategien erfolgreich umsetzen. Stuttgart.

Kaplan, R. S. & Norton, D. P. (1992). The Balanced Scorecard- Measures That Drive Performance. In: Harvard Business Review, 70. Jg., Heft 1, S. 72-79.

Katmarzyk, J. (1988). Einkaufs-Controlling in der Industrie. Bad Wimpfen.

Kaufmann, L. & Germer, T. (2001). Controlling internationaler Supply Chains: Positionierung, Instrumente, Perspektiven. In: U. Arnold, R. Mayer & G. Urban (Hrsg.): Supply Chain Management: Unternehmensübergreifende Prozesse, Kollaboration, IT-Standards, Bonn 2001, S. 177-192.

Kaufmann, L. (1995). Strategisches Sourcing. In: Zeitschrift für betriebswirtschaftliche Forschung (ZfbF), 47. Jg., Heft 3, S. 275-296.

Kaufmann, L. (2002). Supply Chain Portfolio- Ein Instrument für das situationsgerechte Management einzelner Kettenglieder. In: Baumgarten et. al.: *Logistik-Management* (Bd. 1). Berlin 2002, S. 1-15.

Kaufmann, L.; Thiel, C. & Becker, A. (2006). Innovative Beschaffungsportfolios und X-Balanced Scorecards: Komplementäre Instrumente für das strategische Controlling. In: Controlling, 18. Jg., Heft 3, 125-132.

Kaufmann, L.; Thiel, C. & Becker, A. (2005). Überblick über das Beschaffungscontrolling. In: U. Schäfer & J. Weber (Hrsg.): Bereichscontrolling : funktionsspezifische Anwendungsfelder, Methoden und Instrumente, Stuttgart 2005, S.1-18.

Kerckhoff, G. & Michalek, C. (2007). Erfolgsgarantie Einkaufsorganisation. Weinheim.

Kötzle, A. (1995). Beschaffung-Controlling. In: R. Franke (Hrsg.): Controlling der Unternehmensbereiche: zielorientierte Steuerung betrieblicher Funktionen, Frankfurt am Main 1995, S. 91-128.

Küpper, H.-U. (2009). Controlling: Kozeption, Aufgaben, Instrumente (5. Ausg.). Stuttgart.

Küpper, H.-U. (2007). Controlling und Operations Research - Der Beitrag quantitativer Theorie zur Selbstfindung und Akzeptanz einer praxisorientierten Disziplin. In: Zeitschrift für Betriebswirtschaft (ZfB), 84. Jg, Heft 7/8, S. 750.

Littkemann, J. & Holltrup, J. (2006). Unternehmenscontrolling:Konzepte, Instrumente, praktische Anwendungen mit durchgängiger Fallstudie. Herne/Berlin.

Makowski, T. (2010). Globale Einkaufsstudie: Unternehmen verschenken Potenziale Noch Luft nach oben. In: Industrieanzeiger, 132. Jg., Heft 20, S. 14.

o.V. (2012a). Die Stellung des Einkaufs im Unternehmen. Bitte mehr Aufmerksamkeit! In: BA-Beschaffung Aktuell, 59. Jg., Heft 3, S. 7.

o.V. (2012b). Apple: Licht und Schatten des Erfolgs. In: c't Magazin für Computertechnik, 30. Jg., Heft 7, S.47.

o.V. (2007). Mangelware Einkäufer. In: BA-Beschaffung aktuell, 54. Jg., Heft 2, S. 3.

o.V. (2005). Nicht-traditionelle Beschaffungsfelder: Potenziale! In: Logistik inside, 4. Jg., Heft 8, S. 10.

Peemöller, V. (2005). Controlling. Grundlagen und Einsatzgebiete (5. Ausg.). Herne/Berlin.

Piontek, J. (2004). Beschaffungscontrolling (3. Ausg.). München.

Piontek, J. (2012). Beschaffungscontrolling (4. Ausg.). München.

Porter, M. (1985). Competitive Advantage. New York.

Preißler, P. R. (2000). Controlling (12. Ausg.). München.

Przygodda, I. & Ferreras, M. (2004). State-of-the-art der Bewertung von Lieferantenbeziehungen. In: D. Ahlert & S. Zelewski (Hrsg.): MOTIWIDI Projektbericht Nr. 19. Essen, Münster 2004.

Reichmann, T. (2006). Controlling mit Kennzahlen und Management-Tools (7. Ausg.). Vahlen.

Reinschmidt, J. (1989). Beschaffungs-Controlling mit Kennzahlen. Bergisch-Gladbach.

Schachner, M.; Speckbacher, G. & Wentges, P. (2006). Steuerung mittelständischer Unternehmen: Größeneffekte und Einfluss der Eigentums- und Führungsstruktur. In: Zeitschrift für Betriebswirtschaft, 76. Jg., Heft 6, S. 589-614.

Schäfer, U., & Weber, J. (2011). Einführung in das Controlling (13. Ausg.). Stuttgart.

Schentler, P. (2008). Beschaffungscontrolling in der kundenindividuellen Massenfertigung. Graz.

Schentler, P., & Tschandl, M. (2010). Beschaffungs-Controlling. In: R. Gleich & M. Henke (Hrsg.): Beschaffungs-Controlling, Freiburg 2010, S. 25-47.

Schreyögg, G. (1993). Umfeld der Unternehmung. In: W. Wittmann (Hrsg.): Handwörterbuch der Betriebswirtschaft (5. Ausg., Bd. 3). Stuttgart 1993, S. 4231-4237.

Schröder, E. (2003). Modernes Unternehmens-Controlling (8. Ausg.). Ludwigshafen.

Schultz, V. (2009). Basiswissen Controlling. München.

Schweitzer, M. (2005). Planung und Steuerung. In F. X. Bea; B. Friedl, & S. Marcell (Hrsg.): Allgemeine Betriebswirtschaftslehre (9. Ausg.). Stuttgart 2005, S.16-136.

Seegmüller, K. (2012). Trends im Technischen Einkauf 2012 Kosten senken bleibt die zentrale Aufgabe der Einkäufer. In: Industrieanzeiger, 134. Jg., Heft 2, S. 28.

Shao, J., Mohr, C. & Henke, M. (2008). Den Erfolgsbeitrag des Einkaufs zuverlässig messen –Eine Ansammlung von Kennzahlen ist noch kein KPI-System. In: BA-Beschaffung Aktuell, 55. Jg., Heft 9, S. 26.

Sievers, K. F. (2009). Beschaffungscontrolling / von Kenneth Franz Ulrich Sievers. Fördergesellschaft Produkt-Marketing e.V. Köln.

Stangl, U. (1988). Beschaffungsmarktforschung- Ein heuristisches Entscheidungsmodell (2. Ausg.). Köln.

Steinke, K. H., Wischmann, R.; Schentler, P. & Handrich, M. (2011). Beschaffungscontrolling bei der deutschen Lufthansa. In: Controlling, 23. Jg., Heft 11, S. 564-571.

Stoll, P. P. (2007). E-Procurement: Grundlagen, Standards und Situation am Markt. Wiesbaden.

Thiel, S. (2011). Trendstudie Einkauf 2011 Strategischer Einkauf im Aufwind. BA-Beschaffung Aktuell, 55. Jg., Heft 7, S. 7.

Tschandl, M. & Schentler, P. (2008). Beschaffungscontrolling-State of the Art. In: M. Tschandl & S. Beck (Hrsg.): Supply Chain Performance. Graz 2008, S. 3-33.

Vollmuth, H. (2001). Führungsinstrument Controlling (6. Ausg.). Freiburg

Vollmuth, H. (2006). Controllinginstrumente (4. Ausg.). München.

Wagner, S. M. & Weber, J. (2007a). Beschaffungscontrolling: den Wertbeitrag der Beschaffung messen und optimieren. Weinheim.

Wagner, S., & Kaufmann, L. (2004). Overcoming the main barriers in initiating and using Purchasing-BSC. In: European Journal of Purchasing & Supply Management, 11. Jg., Heft 10, S. 269-280.

Wagner, S., & Weber, J. (2007b). Vom Beschaffungs- zum Supplier-Relationship-Controlling. Noch große Anstrengungen nötig. In: BA- Beschaffung Aktuell, 51. Jg., Heft 2, S. 16.

Wildemann, H. (2012). Komplexitätsmanagement in der Beschaffung. In: Supply-Die Partner des Einkaufs, Heft 1 , S. 7.

Winkler, C. (2008). Supply-Chain Controlling, Konzeption und Gestaltung. Düsseldorf.

Witt, F.-J. (2002). Controlling-Lexikon. München.

Witt, F.-J. (1997). Lexikon des Controlling. München.

Wittmann, W. (1959). Unternehmung und unvollkommene Information. Opladen.

Wynstra, J. Y., & ten Patrick, E. (2000). Managing supplier involvement in new product developement. A portfolio approach. In: European Journal of Purchasing and Supply Management, 7. Jg., Heft 1, S. 49-57.

Ziegenbein, K. (2007). Controlling. Kompendium der praktischen Betriebswirtschaft. (9. Ausg.).Ludwigshafen.

6.   Anhang

Anhang A: Liste der Controlling-Instrumente in der Beschaffung

ABC-Analyse	Make-or-Buy-Rechnung
Abweichungsanalyse	Materialkostensenkungspotenzialanalyse
Berichtswesen	Materialkostensenkungsrechnung
Beschaffungs-Balanced-Scorecard	Materialpreisveränderungsrechnung
Beschaffungs-Benchmarking	Nutzwertanalyse und Expertensystem zur Lieferantenselektion
Beschaffungsbudget	Obligobericht
Beschaffungsmarktsegmentrechnung	Open Book
Beschaffungsvision und -leitbild	Portfolioanalyse
Bestellmengenoptimierung	Preisstrukturanalyse
Betriebsunterbrechungsrechnung	Prozesskostenrechnung
Einkaufskapazitätsrechnung	Reverse Engineering
Erfahrungskurvenanalyse	Risikoanalyse
Fehlermöglichkeits- und Einflussanalyse	Simultaneous Costing
Früherkennungssysteme, Frühwarnsysteme	Strategische Bilanz
Funktionsanalyse	Supplier Liefetime Value
Gap-Analyse	Supply Chain Mapping
Gemeinkostenwertanalyse	SWOT-Analyse
Investitionsrechnung (Kapitalwertmethode, Interner Zinsfuß)	Target Coasting
Kennzahlen	Total Cost of Ownership
Kennzahlensysteme	Value Balance Card
Lieferantenauditierung	XYZ-Analyse
Lieferantenbefragung	Zuliefererprofil
Lieferantenbeurteilung	Zero Base Budgeting
Supply-Chain- Portfolio	Component-Chart

Autoren	Begriff	Objektumfang	Funktionsumfang
Arnold **[Beschaffungsmangement 1997]**	Beschaffung umfasst sämtliche unternehmens- und marktbezogene Tätigkeiten, die darauf gerichtet sind, einem Unternehmen die benötigten, aber nicht selbst hergestellten Objekte verfügbar zu machen.	Eingrenzung auf Sachgüter bzw. Material i.e.S.	Strategische Funktionen, wie Innovationsfähigkeit steigern und horizontale Verbundeffekte erschließen, sowie operative Funktionen
Bloech **[Produktion 1993]**	Beschaffung umfasst zusätzlich zum Einkauf strategische Aspekte, wie die Sicherung der Beschaffungsmarktposition und die Erhaltung der Versorgungssicherheit.	Material, Dienstleistungen, Investitionsgüter, Rechte	Koordiniert u.a. Formen der Zusammenarbeit mit Schlüssellieferanten z.B. bei der Produktentwicklung
Corsten/ Gössinger **[Beschaffungscontrolling 2004]**	Unter Beschaffung sind alle diejenigen Aktivitäten zu subsumieren, die darauf gerichtet sind, der Unternehmung die Produktionsfaktoren zur Verfügung zu stellen, die sie im Rahmen ihrer Sachzielerfüllung benötigt, aber nicht selbst produzieren kann.	Materielle und immaterielle Erschließungsformen der Produktionsfaktoren	Einkauf Lagerhaltung Transport Bedarfsplanung Entsorgung
Eschenbach **[Materialwirtschaft 1990]**	Beschaffung ist die materialwirtschaftliche Hauptaufgabe. Es werden die zu beschaffenden Objekte zu wirtschaftlichen Bedingungen in das beschaffende Unternehmen hereingeholt.	Material (u.a. RHB und Handelswaren) und Energie, Investitionsgüter, Dienstleistungen	Beschaffungsmarkt- forschung, Anbahnen und Pflegen von Lieferantenbeziehungen, Lieferantenbewertungen, Erwerben von Objekten
Friedl **[Beschaffungscontrolling 1990]**	Aufgabenbereich in der Unternehmung, durch den die rechtliche Verfügungsgewalt der Unternehmen über das benötigte Material sichergestellt wird.	RHB, Halbfabrikate, Handelswaren	Versorgung des Unternehmens mit Material, alle Phasen des Beschaffungsprozesses
Grochla/ Schönbohm **[Beschaffung 1980]**	Beschaffung umfasst alle Inputarten. Dabei richtet sich die Betrachtung primär auf das Verhältnis zwischen dem Unternehmen und dem Beschaffungsmarkt.	Beschaffung von RHB (Beschaffung i.e.S), Beschaffung aller Inputarten (Beschaffung i.w.S)	Rechtliche, materielle, finanzielle, raumzeitliche und informationelle Transaktionsprozesse

Autor	Controlling-Begriff
Horvárth **[Controlling 2011]**	Controlling ist dasjenige Subsystem der Führung, das Planung und Kontrolle sowie Informationsversorgung systembildend und systemkoppelnd koordiniert und so die Adaption und ergebniszielorientierte Koordination des Gesamtsystems unterstützt.
Küpper **[Controlling 2009]**	Controlling besteht in der Koordination des Führungssystems
Weber/Schäffer **[2011 Einführung in das Controlling]**	Controlling bezeichnet eine bestimmte Funktion innerhalb des Führungssystems
Hahn/ Hugenberg **[PuK 2001]**	Controlling ist primär eine Führungsunterstützungsfunktion zur informationellen Sicherung ergebnisorientierter Unternehmensführung
Reichmann **[Controlling mit Kennzahlen 2006]**	Controlling ist die zielbezogene Unterstützung von Führungsaufgaben, die der systemgestützten Informationsbeschaffung und Informationsverarbeitung zur Planerstellung, Koordination und Kontrolle dient; es ist eine rechnungswesen- und vorsystemgestützte Systematik zur Verbesserung der Entscheidungsqualität auf allen Führungsstufen der Unternehmung
Ziegenbein **[Controlling 2007]**	Controlling ist die Bereitstellung von Methoden (Techniken, Instrumente, Modelle, Denkmuster) und Informationen für arbeitsteilig ablaufende Planungs- und Kontrollprozesse sowie die funktionsübergreifende Koordination (Abstimmung) dieser Prozesse
Vollmuth **[Führungsinstrument Controlling 2001]**	Controlling ist ein funktionsübergreifendes Führungsinstrument, das die Unternehmensleitung und die Führungskräfte bei ihren Entscheidungen unterstützen soll.